외교
외전

ⓒ 조세영

초판 1쇄 인쇄 2018년 4월 13일
초판 3쇄 발행 2020년 1월 10일
개정판 1쇄 발행 2022년 4월 25일

지은이 조세영
펴낸이 이상훈
편집인 김수영
본부장 정진항
인문사회팀 권순범 김경훈 원아연
마케팅 김한성 조재성 박신영 조은별 김효진 임은비
사업지원 정혜진 엄세영

펴낸곳 (주)한겨레엔 www.hanibook.co.kr
등록 2006년 1월 4일 제313-2006-00003호
주소 서울시 마포구 창전로 70 (신수동) 화수목빌딩 5층
전화 02)6383-1602~3 **팩스** 02)6383-1610
대표메일 book@hanien.co.kr

ISBN 979-11-6040-817-1 03340

* 책값은 뒤표지에 있습니다.
* 파본은 구입하신 서점에서 바꾸어 드립니다.

보통사람이
궁금한 외교
그리고 외교관의
모든 것

외교 외전 外交 外傳

조세영 지음

한겨레출판

프롤로그

흔히들 '외교는 엘리트들이 하는 일'이라고 한다. 그 말이 멋있어 보였던 시절도 있었지만, 지금은 오히려 반감을 부르는 것 같다. 2016년 미국 대통령선거에서 도널드 트럼프의 당선이 보여주듯 세상은 이미 반反엘리트주의가 휩쓸고 있다. 한국에서도 외교부에 민간의 인재를 과감히 수혈해야 한다는 목소리가 힘을 얻고 있다. 최근에는 대사나 총영사에 학계나 언론계, 경제계의 민간 인사들이 임명되었다는 소식도 심심치 않게 들린다.

오늘날 외교는 더 이상 직업외교관들이 전담하는 특수한 영역이라고 말하기 어려워졌다. 인터넷이나 TV로 해외의 주요 뉴스를 국내 뉴스와 다름없이 실시간으로 접할 수 있는 세상이다. 해외여행도 국내여행만큼이나 손쉽고 간편해졌다. 모든 사람들이 국제사회의 크고 작은 움직임에 직접 또는 간접적으로 영향을 받는다. 외교라는 세계가 어느새 보통사람들의 영역으로 가까이 다가와 있는 것이다. 그런데도 여전히 '외교'를 어차피 나와는 관계없는 일, 몰라도 그만인 일이라고 생각하는 사람들이 많다.

그러나 한국만큼 외교에 많은 관심과 노력을 쏟아야 하는 나라도 없다. 강대국들이 각축하는 틈바구니에서 분단된 한반도에 평화를 세우고 통일을 이루어내는 일이 바로 한국 외교에 주어진 역사적 과제이기 때문이다. 최근 남북 정상회담과 북미 정상회담을 열기로 합의했다는 소식이 전해지자, 어느 외신이 곧바로 '한반도의 상황이 대재앙의 가능성에서 외교의 힘을 입증하는 쪽으로 전환하고 있다'는 보도를 내보냈다. 이제 한반도의 미래가 한국 외교의 어깨에 달렸다는 의미다. 우리가 외교에 좀 더 관심을 가져야 하는 이유가 바로 여기에 있다. 나의 가벼운 글이 한국 외교를 함께 고민해보는 작은 재료가 되었으면 하는 바람이다.

외교에 관한 글쓰기는 보통사람들이 생활하며 생생하게 공감할 수 있는 이야기가 별로 없다는 점에서 아주 불리한 작업이다. 일상과 동떨어진 듯 보이는 외교 이야기를 어떻게 부드럽게 풀어낼지 씨름한 결과가 이 책이다. 당초의 생각과는 달리 딱딱한 글이 되어버렸다면 그건 매사에 심각하고 재미없는 나의 성격 탓이다. 그래도 써보고 싶었다. 한국 외교관이 어떻게 살며 어떻게 일하는지.

이 책은 2016년 3월부터 1년 동안 〈한겨레〉 토요판에 '조세영의 외교클럽'이라는 제목으로 연재한 글들을 다시 다듬어 엮은 것이다. 2주일에 한 번 200자 원고지 28매를 써내야 하는 힘에 부치는 작업이었지만, 신문의 한 면이 통째로 내 글로 채워진다는 뿌듯함은 각별했다. 그리고 2017년 7월부터 5개월 동안 '한일 일본군위안부 피해자 문제 합의 검토 태스크포스'에 참여하며 느꼈던 소감을 새로 정리해 넣었다. 〈내일신문〉에 기고했던 칼럼에서도 일부 내용을 가져왔다.

〈한겨레〉의 고경태 기자는 이 책이 나오게 해준 은인이다. 엄두가 나질 않아 손사래 치는 나를 설득해 결국 '외교클럽'을 1년이나 연재하게 만들었다. 돌이켜보면 내게 대중적 글쓰기란 무엇인지 제대로 경험하게 해준 고마운 사람이다.

나이 50이 넘어 느닷없이 30년 외교관 생활을 접고 자유롭게 글 쓰는 삶을 살겠다고 나선 나를 믿고 응원해준 아내에게 이 책으로 감사의 마음을 전하고 싶다. 긴 원고를 짜임새 있는 한 권의 책으로 훌륭하게 엮어준 한겨레출판의 고우리 편집자에게도 마음으로부터 감사드린다.

조세영

■ 차례

1
재외 공관에서의 생활

총알
날아다니는데
이삿짐 옮겨준
예멘 인부들

외교관의
이사

외교관은 은퇴할 때까지 2~3년
마다 국내 근무와 해외 근무를 되풀이하며 떠돌이 생활을 한다.
나도 외교부에서 일했던 30년 동안 해외 근무를 한 게 7차례이니,
14차례 국제이사를 한 셈이다. 국제이사는 국내이사와는 비교할
수 없을 정도로 힘들고 피곤한 일이다.

옷가지에서부터 부엌살림까지 세간살이 전부를 이사용 종이
상자에 나눠 넣고 포장용 테이프로 단단히 밀봉하는데, 물건들을

상자 크기에 맞추어 분류해 가지런히 넣는 일이며, 그릇이나 깨지는 물건을 종이나 뽁뽁이로 일일이 둘러싸는 일이 보통 손이 많이 가는 게 아니다. 가구나 가전제품같이 큼직한 물건들은 이삿짐 회사 직원들이 와서 포장해주지만, 신경 써서 챙겨야 하는 짐들은 1~2주 전에 미리 종이상자를 받아놓고 매일 조금씩 시간을 내서 직접 포장해야 한다.

집에서 내보낸 이삿짐은 컨테이너에 넣은 채로 선박에 실려 해외로 운송된다. 항구에 도착 후 트럭에 옮겨 육상으로 운송하므로 현지에서 다시 이삿짐을 받을 때까지 1~2개월이나 시간이 걸린다. 국내이사와 비교해서 제일 불편한 것이 바로 이 기간 동안 살림살이도 제대로 없이 생활해야 한다는 점이다. 집을 빌릴 때 기본 가구가 붙어 있는 나라는 괜찮지만, 덜렁 집만 빌려주는 나라에 부임하면 입주 뒤 이삿짐이 도착할 때까지 밥을 먹을 식탁이나 앉을 의자도 없이 지내야 하는 경우도 있다.

내가 샌프란시스코에 부임했을 때가 바로 그런 경우였다. 워낙 기후가 좋다는 곳이라 별생각 없이 여름옷만 몇 벌 준비해 갔는데 막상 도착해보니 8월의 날씨가 뜻밖에도 꽤나 쌀쌀했다. 미국의 소설가 마크 트웨인이 '내가 보낸 제일 추운 겨울은 샌프란시스코의 여름이었다'고 한 말이 딱 들어맞았다. 밤이면 기온이 더 내려가서 여름 옷차림으로 잠을 자기엔 너무 추웠다. 집을 계약하고 입주를 했지만 이삿짐이 도착하려면 아직 멀어서 가족들 모두 가져온 여름옷을 몇 벌씩 겹쳐 입고 잠을 청할 수밖에 없었다.

호텔에서 편하게 지내다가 이삿짐 도착 날짜에 맞추어 입주하면 되지 않느냐고 생각할지 모르지만 상황이 그리 간단치 않다. 우선 호텔 생활을 하는 동안은 식사를 해결하는 게 여간 문제가 아니다. 4~5인 가족이 매번 식당에 가서 사 먹는 것은 경제적으로도 큰 부담이려니와, 무엇보다 집밥을 못 먹고 2~3주일 이상 지낸다는 것이 큰 고역이다. 가장 큰 문제는 아이들의 학교다. 일단 새 임지에 도착했으면 얼른 학교에 다니도록 해주어야지 비좁은 호텔방에서 시간을 보내게 할 수는 없는 노릇이다. 이삿짐이 도착할 때까지 불편하더라도 하루빨리 집을 구해서 입주하고 그 주소에 맞는 학군의 학교에 아이들을 보내지 않을 수 없었다.

뒤돌아보면 역시 험지 근무 때 생각이 많이 난다. 생활환경이 열악한 험지로 가게 되면 이삿짐을 꾸리는 것부터 큰일이다. 현지는 워낙 물자가 부족해 근무하는 동안 사용할 물건을 꼼꼼히 준비해야 한다. 내가 1994년부터 2년간 근무했던 예멘은 아라비아 반도의 최빈국으로 사우디아라비아나 아랍에미리트 같은 주변의 나라들과 비교할 수 없을 정도로 생활여건이 나빴다. 현지에 가면 뭐가 있고 뭐가 없는지, 빠뜨리지 말고 꼭 가져가야 할 것은 무엇인지, 이리저리 수소문하며 정보를 파악했다.

물론 외교부에는 해외공관마다 부임자 안내자료라는 것이 있어서 직원들이 이사 준비에 활용할 수 있다. 더욱 자세한 정보를 얻으려면 추가로 자료도 구하고 근무 경험이 있는 직원들로부터 조언도 구해야 한다. 1994년 당시는 인터넷도 제대로 보급되기 전이라 지금처럼 쉽게 현지 사정을 파악할 수 없었다. 사진이나 동영상은 더더욱 구하기 어려워서 생생한 이미지를 눈으로 확인할 방법이 없었다. 거리의 모습은 어떤지, 집들은 어떻게 생겼는지, 사람들은 어떤 차림을 하고 다니는지 궁금하기만 했다. 그런 것을 전혀 모르는 채로 가족을 데리고 험지 공관에 부임할 때 얼마나 막막한 심정인지, 마음만 먹으면 간단히 유튜브로 동영상을 구하고 구글어스로 현지의 길거리 모습까지 확인할 수 있는 요즈음에는 짐작조차 못할 것이다.

예멘으로 이사 준비를 하면서 가장 신경을 썼던 것은 생필품과 상비약이었다. 식품, 과자류와 식재료, 특히 한국 음식 만드는 데 빼놓을 수 없는 것들을 넉넉히 구입했다. 현지에서는 제대로 된 문구류를 구하기 힘들다고 해서 아이들이 쓸 색연필, 지우개에 투명테이프까지 바리바리 싸서 이삿짐에 넣었다. 믿고 갈 만한 병원도 없는데다 병원에 가더라도 의료용품이 제대로 갖추어지지 않은 경우가 태반이라는 이야기를 듣고 탈지면과 붕대, 반창고, 일회용 주사기까지 골고루 사서 상자에 담았다.

일단 아프지 않는 게 제일이고, 조금 아프더라도 가지고 간 비상약으로 때우겠다는 생각에 소화제, 감기약은 물론이고 진통제, 항생제까지 종류별로 꼼꼼히 챙겼다. 항생제를 사려면 의사의 처방이 필요했는데, 당시 근무하던 도쿄의 한국대사관 근처에 단골 약국이 있어서 약사에게 예멘으로 간다는 사정을 설명하고 처방전 없이 항생제 몇 종류를 겨우 구입할 수 있었다.

젊은 나이에 경험도 없이 어린아이 둘을 데리고 처음으로 험지에 부임한다는 불안감 때문에 이것저것 잔뜩 준비해 갔는데 나중에는 결국 과잉준비였음을 알게 되었다. 어디든 다 사람이 살게 되어 있는 법이다. 필요한 물건은 아쉬운 대로 어떻게든 구할 수 있었다. 2년 후 귀국할 때 도로 가지고 온 물건도 굉장히 많았다. 탈지면이며 붕대, 지우개, 투명테이프 같은 자질구레한 물건들은 그 후로도 몇 년 동안이나 사용했을 정도다.

예멘에 이삿짐이 도착하던 날의 기억은 평생 잊을 수 없을 것이다. 일본 근무를 마치고 예멘의 한국대사관에 부임한 것이 1994년 4월 초순이었다. 전임자가 살던 주택을 그대로 승계했기 때문에 호텔 생활을 할 필요도 없이 도착하자마자 바로 집으로 들어갔다. 기본적인 가구와 부엌살림이 집에 딸려 있어서 이삿짐이 도착하기 전이라도 그런대로 생활할 만했다.

당시 예멘은 1990년 5월에 남북 합의에 의해 통일된 지 4년이 되었을 무렵인데, 경제상황이 악화되는 등 통일의 후유증에 시달리고 있었다. 게다가 그때까지도 과거 남북예멘의 군부대 지휘계통이 완전히 통합되지 않은 터라 종종 무력충돌이 일어났다. 그런데 내가 현지에 부임한 지 3주일 만에 마침내 남북 간에 전쟁이 터졌다.

5월 5일 새벽 5시 20분쯤이었다. '쐐액' 하고 마치 비행기가 우리 집 지붕을 스쳐 지나가는 듯한 소리에 깜짝 놀라 침대에서 벌떡 일어났다. 곧이어 찢어지는 대공포 소리가 사방을 뒤덮었다. 남예멘의 전투기가 수도 사나의 공항을 공습한 것이었다.

어둠 속에서 아내와 아이들을 침실에서 데리고 나와 집 안 한가운데 있는 홀의 식탁 밑에 쪼그려 숨도록 했다. 우리가 입주한 집은 단독주택이어서 방마다 바깥쪽으로 커다란 창문이 나 있었다. 혹시라도 창문으로 날아들지 모르는 유탄이나 파편을 피하려면 창문에서 멀리 떨어진 한가운데의 홀이 제일 안전한 장소라고 생각했기 때문이다. 그래도 안심이 되지 않아서 침대의 매트리스를 끌어다가 바리케이드처럼 식탁을 둘러쌌다.

방향을 알 수 없는 총소리가 이어지는 가운데 가족 넷이 웅크리고 앉아서 불안한 마음을 달랬다. 한 시간 정도 지났을 때 전화벨이 울렸다. 조심조심 기다시피 하여 전화기로 다가가 수화기를 들었다. 우리 대사관에서 일하는 현지 직원 자말이었다. 잠시 후 우리 집으로 올 테니 대문을 열어달라는 것이었다. 나는 우리 가족을 안전한 곳으로 피신시켜주려는 줄 알고 반가운 마음에 '그럼 우리가 어디로 가게 되는 거냐'고 물었다. 그랬더니 엉뚱하게도 내 이삿짐이 지금 도착해서 집 앞에 와 있다는 것이었다.

그날 아침에 자말이 내 이삿짐을 찾아서 트럭에 싣고 우리 집에 도착했는데 아무리 대문을 두드려도 대답이 없기에 걸어서 5분 거리의 대사관으로 가서 전화를 걸었던 것이다. 총소리가 시끄러운데다 집 안 한가운데에 매트리스를 둘러치고 숨어 있었으니 바깥에서 대문 두드리는 소리가 들릴 리가 없었다.

대문을 열어주니 일꾼들이 총소리도 아랑곳하지 않고 100여 개의 이삿짐 상자를 집 안으로 옮겨놓기 시작했다. 그 모습을 지켜보면서 '하필이면 이런 날 이삿짐이 도착할 게 뭐람' 하고 황당해했던 기억이 지금도 생생하다. 나중에 생각해보니 그래도 내전이 시작되기 직전에 우리 집까지 이삿짐이 도착했으니 망정이지, 하루만 늦었더라면 내전 와중에 항구에서 시내로 들어오는 도로 위의 어디에선가 트럭이 발이 묶여버렸을 가능성이 컸다. 그러면 트럭에 실린 이삿짐도 이리저리 흩어져 실종되어버렸을지도 모를 일이니 천만다행이 아닐 수 없었다.

내전이 일어나고 닷새 만인 5월 9일에 대사관 직원 가족과 현지 교민 25명을 프랑스 군용기 편으로 철수시켰다. 나를 포함한 대사관의 남자 직원들은 현지에 남았다. 앞으로 전황이 어떨지 모르는데 도착한 이삿짐 상자를 뜯을 수도 없는 노릇이고, 혹시라도 전쟁이 악화되어 나머지 인원까지 모두 철수하게 되면 이 짐들을 어떻게 다시 서울로 보낼 것인가 하는 생각에 난감하기도 했다. 다행히 3개월 만에 내전이 끝나서 가족들이 현지로 돌아올 수 있었다. 종류별로 사두었던 라면을 혼자 남아 있는 3개월 동안 야금야금 꺼내 먹은 것 말고는 이삿짐은 가족들이 돌아올 때까지 집 안에 그대로 쌓아두었다.

국제이사의 횟수가 늘어날수록 이삿짐 상자를 꾸리고 테이프를 붙이는 우리 부부의 기술은 눈부시게(?) 발전했으나, 그에 비례해서 체력의 한계도 점점 더 절감하게 되었다. 5년쯤 전에 외교부를 퇴직하고 나서 바로 북한산 자락에 둥지를 틀었다. 그 집으로 살림살이를 옮기면서 앞으로 내 인생에 더 이상 이사는 없을 거라고 다짐했다. 식탁이며 소파 세트를 장만해 들여놓으면서 남은 인생 동안 이 물건들을 지금 놓아둔 이 자리에서 더는 옮기지 않고 그대로 쓸 생각을 하니 흐뭇하기만 했다. 국내와 해외를 떠돌아야 하는 생활 때문에 결혼 후 한 번도 제대로 가구를 사본 일이 없었던 터라 더욱 각별한 느낌이었다.

이사할 때 놓아둔 그대로 2~3년 동안 거의 손도 대지 않다가 다시 상자에 넣은 물건도 많았다. 책이나 옛날 사진, 과거 근무지에서 샀던 자질구레한 기념품 같은 경우가 그렇다. 아예 상자를 풀지도 않고 그대로 두었다가 다시 내보내는 경우도 있었다. 지금은 또다시 이삿짐을 챙겨야 한다는 부담 없이 가진 것들을 모두 꺼내놓고 산다. 새집에는 젊은 시절부터 벼르던 대로 방바닥에서 천장까지 꽉 차게 붙박이 책장을 짜 넣었다. 책장 가득 꽂힌 책들을 바라보면서 해외로 떠도는 생활을 드디어 마감하고 한곳에 정착하게 되었음을 실감한다.

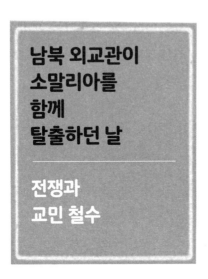

남북 외교관이 소말리아를 함께 탈출하던 날

전쟁과 교민 철수

1994년 5월 9일 오전 11시. 한국인 25명을 태운 프랑스 공군의 C-130 수송기가 사나 국제공항을 이륙했다. 내전이 벌어진 예멘을 탈출하는 대사관 직원 가족들과 현지의 한국 교민들이 내전 발생 5일 만에 귀국길에 오른 것이다. 전쟁으로 이미 폐쇄된 사나공항에는 예멘의 공무원이나 항공사 직원들의 모습은 보이지 않았다. 대신 비행복 차림의 프랑스 군인들이 명단을 확인하면서 피난민들을 탑승시키고 있었다. 대사관 직원 부인들은 현지에 남기로 한 남편들과 출국장에서 작별 하고 나서 아이들을 데리고 활주로로 향했다. C-130의 거대한 기체 안으로 들어가자 여객기와 달리 기내는 철제 뼈대가 군데군데 드러나 있고 천장에는 파이프들이 그대로 노출돼 살풍경한 느낌이었다. 피난길에 오른 한국인들은 기체의 벽면을 따라서 양쪽으로 붙어 있는 좁은 간이의자에 적당히 자리를 잡고 앉았다.

이륙을 위해 엔진의 회전수를 높이자 귀청을 찢는 듯한 소음이 기내로 쏟아져 들어왔다. 어린 남자아이가 자지러지듯 울음을 터뜨렸다. 아이의 엄마가 어떻게든 달래보려 했지만 엄마의 목소리는 엄청난 엔진 소리에 묻혀버렸다. 드디어 예멘을 떠나 집으로 돌아간다는 안도감이 느껴질 법도 했으나, 지난 며칠 동안의 혼란스러웠던 체험이 그런 여유를 허락하지 않았다. C-130은 홍해를 건너 약 500킬로미터 떨어진 아프리카 동부 아덴만에 있는 작은 나라 지부티의 프랑스군 기지에 착륙했다.

일행은 먼저 기지 내의 식당으로 안내되어 프랑스 군인들 틈에 섞여서 늦은 점심식사를 했다. 대형 군용텐트로 만들어진 식당의 내부에 뷔페가 차려져 있었다. 내전이 시작된 후 5일 동안 대사관 건물 지하에 모여 불안한 마음으로 밤낮을 보내면서 끼니를 허술하게 때워야 했던 일행에게 바게트 빵이며 각종 디저트까지 풍성하게 갖춰진 음식은 갑자기 별천지에 온 느낌을 주었다. 일행은 기지에서 잠시 휴식을 취한 뒤 시내의 호텔로 이동했다. 지부티의 모든 호텔은 예멘으로부터 철수한 외국인들이 한꺼번에 몰려들어 그야말로 북새통이었다. 미처 객실을 구하지 못한 사람들은 호텔 로비에서 적당히 자리를 잡고 쪽잠을 자야 하는 상황이었지만, 다행히 현지에서 한국 명예영사로 활동하는 지부티인 사업가의 도움으로 객실을 확보할 수 있었다. 현지에 한국대사관이나 총영사관이 없어서 걱정했는데 명예영사의 덕을 크게 본 셈이었다. 일행 25명은 다음 날 에어프랑스 여객기 편으로 파리를 거쳐 5월 12일 무사히 서울에 도착했다.

내전이 발생한 뒤 가족과 교민들을 철수시킬 때까지의 닷새는 나의 30년 외교관 생활 가운데 가장 잊을 수 없는 경험으로 남아 있다. 주요국들이 자국민 철수를 시작하자 우리도 일찌감치 철수 방침을 정했지만 민간 여객기 운항이 중단된 상황이라서 항공편 마련이 문제였다. 예멘 외교부를 찾아가서 이야기해봤으나, 내전으로 자기 코가 석 자인 형편에 그들이 해줄 수 있는 일은 아무것도 없었다.

본국에서 군용기를 파견해 자국민을 철수시키고 있는 미국과 유럽 국가들의 대사관을 찾아가서 협조를 요청할 수밖에 없었다. 대사를 비롯한 모든 직원들이 각자의 채널을 총동원했다. 예멘에 부임한 지 3주밖에 되지 않았던 나는 현지의 외교관들과 제대로 안면도 트지 못한 난감한 상황이었지만, 철수시켜야 할 25명의 명단을 손에 들고 이 대사관에서 저 대사관으로 무작정 뛰어다녔다. 미국, 영국, 프랑스, 독일, 이탈리아, 네덜란드, 러시아 7개국의 대사관을 돌았는데 만나는 사람마다 대답은 한결같았다. 우선자기 국민부터 모두 철수시킨 후에나 외국인의 수송을 검토할 수있다는 것이었다. 국제 관례상 당연한 이야기여서 더 이상 떼를쓸 수도 없는 노릇이었다. 그래도 가져간 명단을 건네주면서 나중에라도 꼭 탑승할 수 있도록 도와달라고 부탁했다.

일면식도 없이 무턱대고 찾아갔는데 바쁜 시간을 쪼개서 만나주는 사람에게는 고맙기 그지없었다. 반면에 대사관 안에 있는게 분명한데도 외출 중이라고 핑계를 대며 정문에서 들여보내주지도 않을 때는 부아가 치밀었다. 전화를 걸었더니 비서를 시켜 30분 후에, 다시 1시간 후 전화해달라며 이리저리 피하는 경우에는 야속하기만 했다. 우리도 그들처럼 직접 군용기나 전세기를보내서 보란 듯이 자국민을 철수시켜주면 얼마나 좋을까 하는 생각이 간절했다.

4일째 되던 날도 하루 종일 돌아다녔지만 별다른 소득이 없었다. 특히 철수 인원이 많아서 하루에도 여러 대의 군용기를 투입하고 있는 미국대사관에는 잔뜩 기대를 했으나, 여전히 탑승이어렵다는 대답뿐이었다. 서울의 외교부 본부가 워싱턴의 주미대사관을 통해서 미국 정부에 각별히 협조를 요청해놓았다고 하는데도 별로 효과가 없었다. 미국 대사관이 이 정도이니 규모가 작은 다른 대사관에서 도와줄 가능성은 더 적을 것 같아 자포자기의 심정에 빠지기도 했다. 그날의 일기에는 "프랑스대사관을 찾아가서 다시 한 번 철수 대상자 명단을 건네주었는데 그것을 받아드는 상대방의 표정에 정말 자존심이 상했다"고 적혀 있다. 지금은 그 사람의 얼굴조차 전혀 기억나지 않지만 당시에는 굉장히 마음에 상처를 받았던 모양이다.

　절실한 순간에 도움은 전혀 기대하지 않았던 곳으로부터 오는 법이라고 했던가. 저녁 6시쯤 프랑스대사관에서 전화가 왔다. 내일 출발하는 비행기에 태워줄 테니 아침 6시 반까지 25명을 데리고 대사관으로 오라는 것이 아닌가. 그날 오후 프랑스대사관에서의 불쾌했던 기억이 눈 녹듯이 사라졌다. 워낙 여기저기 부탁을 하고 다녀서인지 이탈리아대사관의 담당자까지 일부러 전화해서 내일 프랑스대사관이 한국인 철수를 맡기로 했다고 알려주기도 했다. 고마웠다. 직원 가족들과 교민들에게 아침 일찍 출발할 준비를 하라고 전하고 본부에도 전화로 보고했다. 며칠 동안 혼란이 계속된 상황이라 정말 예정대로 철수할 수 있을까 불안했다. 밤 11시 반쯤 본부로부터 프랑스 외교부에 한국인 철수에 대한 협조를 확인했다는 연락을 받고 비로소 안심이 되었다. 그날

밤에도 두어 차례 계속된 대공포 소리에 놀라서 모두들 잠을 설친 채 아침 일찍 약속된 시간에 맞추어 프랑스대사관으로 갔다.

흙먼지가 날리지 않도록 작은 자갈을 깔아놓은 프랑스대사관 앞마당에서 세 시간을 불안하게 기다린 뒤에야 우리 일행은 몇 대의 차량에 나눠 타고 공항으로 이동할 수 있었다. 혼란스러운 공항 로비에서 아내와 어린 두 딸을 우리 교민들과 함께 출국장으로 들여보내는데 그때까지 참았던 눈물이 터졌다. 그렇게 가족을 떠나보내고 대사관으로 돌아오니 피로가 몰려왔다. 난생처음 남의 나라에서 전쟁을 겪었고, 위기상황에서 한국인 철수 업무를 처리했다. 밤낮없이 애를 태웠고 시행착오도 많았다. 그러나 해외에서 한국인들의 생명과 재산을 보호해줄 최후의 보루가 바로 한국대사관이며, 그 일원인 나에게는 피하지 말고 감당해내야 할 중요한 책임이 있음을 온몸으로 깨달았다. 괴롭고 힘든 순간도 많았지만 다른 어떤 직업에서도 맛볼 수 없을 보람을 느꼈다. 예멘 내전을 겪으면서 외교부에 들어온 지 10년 만에 비로소 실기 시험을 통과하고 제대로 외교관이 되었던 것인지도 모르겠다.

예멘에 부임했을 때부터 이미 남북의 양 세력 사이에 소규모 무력 충돌이 심심찮게 일어나서 내전 발발이 우려되는 상황이었다. 사람들을 만나서 들은 이야기와 현지 신문에서 얻은 정보를 나름대로 종합하여 부임 후 첫 번째 정세보고를 본부로 보냈다.

본격적인 내전으로 비화할 가능성은 크지 않다는 것이 결론이었는데, 보고전문을 보낸 지 며칠도 지나지 않아서 내전이 발발했으니 보기 좋게 망신만 당한 꼴이었다. 그렇지 않아도 경제적으로 피폐한 예멘의 상황에서 내전이 일어나면 국내 경제가 더욱 어려워지고 외국의 원조도 중단될 테니 남북 양측 모두 전면전은 원하지 않을 것이라는 분석이 우세했지만, 결국 전쟁은 일어났다. 전쟁이라는 행위 자체가 비합리적이듯, 전쟁이 일어나는 이유 역시 비합리적이었다.

가족을 보내고 혼자 남은 대사관 직원 5명과 잔류를 선택한 교민 9명은 대사관 지하에서 합숙을 했다. 외교전문의 송수신이 중단되어서 전화나 팩스로 본부에 가끔씩 내전 상황을 보고하는 것 이외에는 할 일이 거의 없었다. 상황이 더 악화될 경우에는 항공편을 마련하느라 또 고생하지 말고 육로를 통해 사우디아라비아로 탈출하자는 계획을 세우고 휘발유와 비상식량을 대사관에 비축해두었다. 당시는 아직 인터넷이 보급되지 않았던 시절이라 한국 소식은 〈CNN〉 TV 뉴스나 단파라디오로 듣는 〈BBC〉 뉴스에 의존할 수밖에 없었다. 철수한 가족들과의 유일한 연락수단인 국제전화도 연결이 좀처럼 쉽지 않았다.

내전이 시작되고 3주 정도 지난 5월 29일 당시 〈한겨레〉의 박찬수 기자가 한국 기자로는 처음으로 예멘에 들어왔다. 이집트에서 요르단을 거쳐 임시 항공편으로 사나공항에 도착했다. 박 기자는 합의 통일 후 4년 만에 내전으로 다시 분열의 위기를 맞은 예멘의 모습을 현지에서 취재해 6월 1일부터 4일까지 세 차례에 걸쳐 보도했다. 전쟁으로 외국인의 발길이 끊긴 상황에서 처음으로 입국한 한국인이어서 대사관 직원과 교민들은 반가운 마음에 고국의 소식을 자세히 물었고, 박 기자가 떠날 때는 모두들 한국의 가족들에게 보내는 편지를 맡기며 귀국 후에 부쳐달라고 부탁하기도 했다. 전쟁 통에 구구절절 가족에 대한 그리움을 담은 편지를 쓰면서 가족의 소중함을 깨닫게 되었다. 다시 가족들과 함께 지낼 수만 있다면 무엇이든 하겠다는 심정이었다. 다행히 7월 7일 내전이 종료되어 가족들은 철수한 지 3개월 만에 다시 예멘으로 돌아올 수 있었다.

지금은 전쟁이나 재난이 발생하면 재외국민의 보호를 위해 외교부의 신속대응팀이 즉시 현지에 파견되어 체계적으로 대응하지만 과거에는 사전 훈련이나 상세한 지침도 없이 현장에서 알아서 대응할 수밖에 없었다. 그러다보니 여러 가지 애환도 많았다. 1991년 1월 남북한 외교관과 교민들이 내전이 발생한 소말리아를 함께 탈출했던 이야기는 가장 극적인 일화로 남아 있다.

소말리아 반군 세력이 수도 모가디슈로 진격해 들어오자 시내는 군인과 무장괴한이 뒤섞인 채 폭력과 약탈이 난무했다. 외국의 대사관과 관저는 좋은 표적이 되었다. 한국대사관은 현지 경찰에게 따로 돈을 주고 경비를 부탁해 직원 가족과 교민 8명은 대사관저에 비교적 안전하게 피난해 있었다. 그러나 무려 8차례나 무장폭도들의 습격을 받은 북한대사관 직원들은 더 이상 공관에 머물 수 없다고 판단해 공항에 나와서 무작정 항공편이 마련되기를 기다리는 지경이었다. 북한대사관의 딱한 처지를 알게 된 강신성 한국대사는 김용수 북한대사에게 한국대사관저로 피신할 것을 권했다. 김 대사가 이를 받아들여 북한 공관원 14명이 한국대사관저에서 함께 밤을 보내게 되었다.

이튿날 강 대사가 이탈리아대사에게 끈질기게 부탁한 끝에 철수용 특별기에 탑승시켜주겠다는 약속을 받아냈다. 남북한의 동포 22명은 차량 4대에 나누어 타고 한국대사관에서 이탈리아대사관으로 이동했다. 도중에 우리 차량 행렬을 반군으로 오인한 정부군으로부터 집중 사격을 받기도 했지만 이 골목 저 골목으로 우회하면서 겨우 목적지에 도착할 수 있었다. 도착해보니 세 번째 차량을 운전했던 북한대사관의 박 서기관이 피를 흘리며 쓰러져 있었다. 가슴에 총탄을 맞고도 필사의 힘을 다해서 마지막까지 운전대를 놓지 않았던 것이다. 일행은 숨진 박 서기관을 이탈리아대사관 마당에 묻어주고 이틀 밤을 함께 지낸 후 이탈리아군 수송기로 소말리아를 탈출할 수 있었다.

그 후 남북관계가 경색되면서 이런 이야기조차 미담으로 받아들이지 않는 분위기가 되어버린 것 같아서 안타까웠는데, 평창 동계올림픽에서 남북이 함께하는 모습을 보면서 다시 훈훈함을 느낄 수 있었다. 아무리 대립과 반목이 깊다고 해도 외국에서 위기상황에 처하면 그때는 남북한이 다시 한 번 동포애를 발휘하게 되리라고 기대해본다.

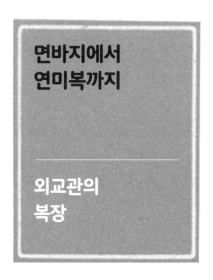

면바지에서
연미복까지

외교관의
복장

1980년대 초반 외교부(당시에는 외무부)에 들어와 국립외교원(당시에는 외교안보연구원)에서 신규채용 직원 연수를 받을 때만 해도 나는 짙은 남색 양복바지와 검은 구두에 흰색 면양말을 종종 신고 다녔다. 그것이 촌스럽다는 생각은 전혀 없었고 오히려 깔끔해 보일 거라고 생각했다. 그런데 연수 과정에서 이것지것 배워보니 국제 매너에 어긋나는 대표적인 경우가 양복바지에 흰 양말 차림이라고 하는 게 아닌가. 창피하지만 그때 처음 양복 정장 차림에는 짙은 색 양말이 예의에 맞다는 걸 알았다.

연수생 가운데는 대학 졸업 후 몇 개월 먼저 외교부에 들어와 일을 하다가 연수를 받으러 온 경우도 있었다. 그중 한 사람의 이야기였는데, 하루는 싱글재킷이 아니라 콤비재킷 차림으로 출근했다가 고참 선배 사무관한테 "여기는 콤비 입고 일하는 곳이 아니야"라고 한마디 들었다는 것이다. 그 이야기를 듣고 외교부에서 콤비재킷을 입을 일은 없겠구나 생각했다.

연수를 마치고 정식으로 일하면서 보니 외교부에서는 여름철에도 양복 안에 반소매 와이셔츠가 아니라 긴소매 와이셔츠를 입는 것이 관례인 것 같았다. 한여름에 광화문 정부청사의 엘리베이터에 타서 보면 타 부처 공무원들은 반소매 와이셔츠 차림이 대부분이다. 그중 긴소매 차림이 있다 싶으면 십중팔구 외교부 직원이었다. 외부에서 보기에는 무슨 외국물 먹은 티를 내는 거냐고 언짢게 느낄 수도 있겠지만, 당사자 입장에선 그래도 우리가 국제신사인데 복장만큼은 자존심을 지켜야지 하는 마음이 없지 않았다.

최근에는 여름철 에너지 절약이라는 목적도 있고 해서 노타이의 간소복 차림이 공무원의 정식 근무 복장으로 허용된다. 정치인이나 장차관들도 회의 때 노타이 차림으로 참석하는 모습이

TV 화면에 많이 나올 정도로 복장에 대한 통념이 예전과는 크게 달라졌다. 외교부에서도 콤비재킷 차림이 그리 어색하지 않게 되었고, 젊은 직원들은 공무원 복장 간소화 규정이 허용하는 범위 안에서 편하고 자유로운 옷차림을 많이 한다. 나도 2000년대 초반 과장 시절에는 외교부 들어와서 처음으로 반소매 와이셔츠와 남방을 사서 입고 출근했었다.

외교관이라고 하면 보수적인 이미지가 강한 게 사실이다. 요즘 같은 격식 파괴의 시대에 아직도 공사, 참사관, 1등서기관 하며 19세기 초에 확립된 계급에 따라서, 그리고 몇백 년 동안 관례로 정착되어온 전통을 바탕으로 일하고 있다. 오찬·만찬 등의 연회나 공식 외교행사에서는 당연히 국제관례에 따라 격식을 갖춘 복장을 한다. 그런데 시대의 변화에 따라 외교관들의 복장 문화도 변하고 있다.

1994년 중동의 예멘에서 근무할 때의 일이다. 예멘의 수도 사나에 주재하는 각국 대사관에서 정치 업무를 담당하는 외교관들이 정기적으로 만나 서로 정보를 교환하고 친교를 나누는 '사나 정무 담당관 클럽'이라는 모임이 있었다. 수도인 사나의 시내조차 도로포장이 제대로 되어 있지 않아서 어딜 가든 흙먼지가 풀풀 날리는 시골 벽촌 같은 곳이지만, 그래도 외교관들이 모이는 자리라서 모두들 싱글 정장 차림으로 참석하는 게 보통이었다.

그런데 한번은 미국대사관의 젊은 2등서기관이 짙은 남색 양복 상의에다 베이지색 면바지를 입고 나타났다. 캐주얼 차림이 흔하지 않던 시절이라 명색이 외교관인데 저런 복장을 해도 되나 의아했다.

지금 되돌아보면 그때부터 이미 외교관들도 복장에 대한 생각이 변화하고 있었던 것이 아닐까 싶다. 2010년 10월 당시 힐러리 클린턴 미국 국무장관은 〈포린 어페어스〉 기고문에서 21세기의 미국 외교관들은 상대국 외교부의 담당관들만 상대할 게 아니라 시골의 촌장 어르신도 만나야 하고, 양복 정장만 입을 게 아니라 카고 팬츠(건빵바지)도 입어야 한다고 했다. 시대의 변화에 맞는 공공외교를 하려면 과감하게 격식을 벗어던지고 보통사람들 속으로 들어가야 한다는 점을 강조한 것이다. 외교관들이 옷차림에서도 점잖고 보수적인 전통을 무조건 고수할 수만은 없는 시대가 되었다는 의미다.

물론 외교관들이 옷차림에 특별히 격식을 갖춰야 할 때도 있다. 외국에 대사를 파견할 때 파견국의 국가원수는 이 사람을 특별히 신임하여 대사로 파견하니 그가 나라를 대표하여 하는 이야기를 전적으로 신뢰해달라는 내용의 신임장을 보낸다. 현지에 부임한 대사는 외교사절로서의 임무를 정식으로 시작하기 위해 접수국의 국가원수에게 신임장을 제출한다. 이를 신임장 제정식이라고 하는데 외교 현장에서는 가장 격식 있는 행사 중 하나다.

　신임장 제정식의 복장은 평복(양복 정장)이 대부분이지만, 입헌군주제 국가에서는 국왕에게 신임장을 제출하기 때문에 모닝코트나 연미복 같은 예복을 제대로 갖추어 입는 경우가 많다. 예전에는 우리나라 외교관도 경력이 쌓여 대사로 해외에 부임할 즈음에는 예복 한 벌쯤은 마련해서 나갔다고 들었다. 요즈음은 예복을 입을 일이 많지 않아서 꼭 필요한 경우에는 현지의 예복 대여점에서 잠시 빌려 입는 것이 보통이다.

　입헌군주국 가운데는 신임장 제정식 때 외국 대사와 수행원 일행을 자동차가 아니라 마차에 태워서 왕궁 내의 행사장까지 입장하게 하는 나라도 있다. 영국, 네덜란드, 스웨덴, 일본이 그런 경우인데, 유럽 궁정외교 시대의 모습을 화려하게 재현한 고풍스러운 마차에다. 마부와 시종들도 영화에서 본 듯한 옛날 복장을 하고 등장한다. 나는 2008년 5월 권철현 주일대사의 신임장 제정식에 수행원으로 참석했을 때, 생전 처음으로 모닝코트를 빌려 입고 일행과 함께 세 대의 마차에 나눠 타고 궁궐 안으로 들어갔다. 이동거리는 2킬로미터 정도밖에 되지 않았지만 지나가던 일본인들이 신기한 구경거리라도 만난 듯이 우리가 예복 차림으로 마차를 타고 내리는 모습을 열심히 카메라로 찍었다.

　신임장 제정식에 참석하는 대사가 자기 나라의 전통복장을 착용하는 경우도 있다. 주로 중동이나 동남아의 대사들이 그렇다. 최근에는 한국대사들이 외국에 부임해 신임장을 제정할 때 한복을 입는 경우가 조금씩 생기고 있다. 2011년 7월 신각수 주일대사가 한복 차림으로 신임장을 제정할 때 나도 수행원으로 참석했는데, 한일관계의 특별한 역사적 배경을 생각하니 한복 차림이 주는 의미가 더욱 각별하게 느껴졌다.

언론 보도를 검색해보니 그 후에도 2015년 6월에 조대식 주캐나다대사가 한복을 입고 신임장을 제정했다. 2016년 4월에는 테헤란에서 개최된 한–이란 문화공동위원회에서 외교부의 선승혜 문화교류협력과장이 한복에 조바위 차림으로 회의에 참석해 화제가 되기도 했다. 그동안 한국 외교관들이 외교행사에 참석할 때 배우자가 한복을 입는 일은 많았지만 정작 본인이 한복을 입는 경우는 거의 없었다. 앞으로는 한국 외교관의 한복 차림이 자연스럽게 늘어날 것 같아 기대된다.

그런가 하면 옷차림 때문에 외교적으로 불편한 일이 생기는 경우도 있다. 중국의 장쩌민 국가주석은 1998년 11월에 일본을 공식 방문했을 때 아키히토 일본 '천황' 주최 국빈만찬에 인민복(중산복)을 입고 참석해서 일본 국내 여론의 큰 반발을 초래했다. 물론 일본 측이 반발한 주된 이유는 장 주석이 만찬사에서 과거사 문제에 대한 일본의 태도를 강하게 비판했기 때문이지만, 인민복 차림에 대한 거부감도 그에 못지않았다.

일본에서 국빈만찬 참석자는 턱시도를 입는 것이 의전상의 관례다. 그러나 중국을 비롯한 사회주의 국가들에서는 턱시도나 연미복 같은 서양식 예복은 부르주아 계급의 상징이라고 생각하기 때문에 착용하지 않는 것이 관례다. 따라서 주최 측이 턱시도를 입더라도 자신들은 평복인 양복을 입는다.

그런데 왜 장쩌민 주석은 굳이 인민복을 입었던 것일까? 중국 입장에서는 인민복이 양복보다 더 격식 있는 복장이기 때문에 '예의를 갖추기 위해서' 입었다고 할 수도 있다. 그러나 장 주석이 다른 나라를 방문했을 때는 양복을 자주 입었고, 그의 후임자인 후진타오 주석이 2008년 5월에 일본을 방문했을 때 국빈만찬에서 양복을 입었던 사실을 생각하면 잘 납득이 되지 않는다.

장쩌민 주석보다 한 달 앞서 1998년 10월에 일본을 방문한 김대중 대통령은 오부치 게이조 총리와 '21세기의 새로운 한일 파트너십 공동선언'을 발표했다. 파트너십 공동선언에서 일본이 한국에 대해 솔직하고 분명한 반성과 사죄를 표명했고, 양국 정상이 공동선언 문서에 정식으로 서명까지 했기 때문에 한일관계의 커다란 진전을 가져왔다는 평가를 받았다. 이러한 성과를 지켜본 중국은 뒤늦게 장 주석의 방일 때 채택할 중일 공동선언에도 과거사에 대한 사죄를 포함시키고 서명까지 하자고 요구하기 시작

1998년 11월 일본을 방문한 장쩌민 중국 국가주석은 인민복을 입고 일본 '천황' 주최 공식만찬에 참석했다가 일본 여론의 따가운 시선을 받았다.

했다. 그러나 오부치 총리는 한국과 중국은 경우가 다르다며 중국 측의 요구를 받아들이지 않았다. 이에 대한 장쩌민 주석의 불만이 인민복 차림으로 표출되었을 가능성이 있다.

원래는 김대중 대통령보다 장쩌민 주석이 한 달 먼저 9월에 일본을 방문하기로 되어 있었다. 그런데 그해 여름 중국에 대홍수가 발생해서 장 주석의 방일이 11월로 연기되는 바람에 김 대통령이 먼저 일본을 방문하게 되었다. 만일 예정대로 장 주석이 먼저 방일했으면 중국 측이 한일 파트너십 공동선언에 신경 쓸 일도 없었을 테고, 중일 양국 간의 방일 준비 작업도 원만히 진행되어 인민복 소동도 일어나지 않았을지 모른다.

물론 장쩌민 주석의 인민복 차림에 중국 측의 특별한 의도가 없었을 수도 있다. 그렇다면 일본 측의 반발은 오해에 기인한 셈이다. 그러나 외교에서는 어떤 사건의 실제 의도보다 그로 인해 당사자들이 갖게 된 인식이 더 중요한 경우가 많다. 장 주석이 인민복을 입고 국빈만찬에서 만찬사를 읽는 장면은 1990년대 중반부터 중일관계가 악화되기 시작하는 현상을 상징하는 이미지로 이미 일본 국민들의 뇌리에 깊이 각인되어버렸다.

문제는 앞으로 시진핑 주석이 일본을 방문하게 되면 또 한 번 인민복을 둘러싼 소동이 재연될 것 같다는 점이다. 시진핑 주석은 2015년 미국과 영국을 방문했을 때 국빈만찬에서 인민복을 입었다. 개혁·개방이 본격화된 1980년대부터는 중국의 지도자들도 그전과는 달리 국제 외교무대에서 인민복이 아닌 양복을 입었는데 시진핑 시대에 들어서 새로운 변화가 생긴 것이다. 시진핑의 인민복은 그가 내세우는 '중화민족의 위대한 부흥'을 상징한다. 중국의 자기주장이 강하게 담긴 복장인 만큼 이에 대해 일본이 갖게 되는 인식은 불편한 것일 수밖에 없다.

1978년 10월에 일본을 방문한 덩샤오핑은 8일간의 체재 기간 동안 모든 행사에 인민복을 입고 참석했다. 그런데도 당시의 일본 여론이 아무런 거부감 없이 덩샤오핑의 방일을 환영했던 사실을 생각하면 격세지감을 금할 수 없다.

'암호 못 풀겠다' 보고하자 외교부가 답하기를…

외교전문과 암호

외교부 본부와 해외공관이 공식적인 지시와 보고를 주고받을 때는 전보의 일종인 '외교전문電文'을 사용한다. 외교부를 제외한 일반 행정부처가 '공문'을 사용하는 것과는 크게 다른 점이다. 해외공관과 원거리 통신을 해야 하는 업무의 특성상 외교부에서는 일찍부터 종이로 된 공문보다 전신기술을 이용한 전보가 주된 연락수단이었기 때문이다. 민간에서도 전화가 보급되기 전에는 긴급한 연락을 전보에 의존했지만,

팩스와 인터넷, 휴대전화가 등장하면서 전보를 이용할 일이 거의 없어졌다. 통신업체인 KT에서 축하카드나 위로카드를 보내주는 전보 서비스를 하고 있고 인터넷 우체국에 축하카드 배달 서비스가 있지만, 더는 전보라는 용어를 쓰지 않는다. 시대가 이렇게 변했는데도 외교 업무의 현장에서는 여전히 전문이 주된 연락수단이다.

외교전문이 어떻게 생겼는지 궁금하다면 생산한 지 30년이 지나서 일반에 공개된 외교문서를 살펴보면 된다. 1985년에 작성된 문서들이 2016년에 공개됐는데, 그중에서 큰 관심을 끈 것이 당시 하버드대학에 연수 중이던 '반기문 참사관'의 이름이 등장하는 전문이었다. 다음 페이지 왼쪽 문서 착신전보를 보면, 발신은 주미대사이고 수신은 장관으로 되어 있는데, 여기서 장관은 외교부 장관을 뜻한다. 해외에서 보내는 모든 전문은 현지의 대사가 본부의 외교부 장관에게 보내는 형식이다. 장관이라는 글자 옆에 괄호로 표시된 '미북'은 이 전문의 원본 수신처가 미주국의 북미과라는 의미다. 전문의 맨 아래쪽 점선 밑에는 전문이 배포된 곳이 표시되어 있는데, 맨 앞의 미주국이 원본 배포처이고 차관실부터 보안사까지 6곳은 사본 배포처를 나타낸다. 오른쪽 위에는 '착신전보'라고 쓰여 있고 '원본'이라는 사각형의 도장이 찍혀 있다. 이 전문은 본부에서 출력된 7부 가운데 북미과에 보관

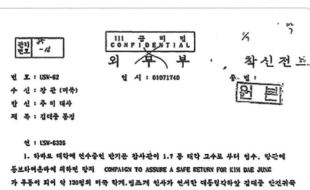

외　무　부　　착신전보

관리 주
번호 -16

번 호 : USW-62
수 신 : 장 관 (미주)
발 신 : 주 미 대사
제 목 : 김대중 동정

일 시 : 01071740

종 별 :

원 본

연 : USW-6336

1. 하바드 대학에 연수중인 반기문 참사관이 1.7 동 대학 교수로 부터 입수. 당관에 통보하여온바에 의하면 당지 CAMPAIGN TO ASSURE A SAFE RETURN FOR KIM DAE JUNG 가 주동이 되어 약 130명의 미국 학계, 법조계 인사가 선서한 대통령각하앞 김대중 안건귀국 요성 서란을 1.10경 발송예정이라함.

2. 동 서란의 요지는 김대중의 무사귀관과 PUBLIC LIFE 의 보장. 이등 통해 국내적인 신뢰를 도모하는 것은 85년 국회의원 선거. 86 아세안게임. 88올림픽 및 88 년 대통령선거를 위한 SOCIAL HARMORY 의 CRITICAL MOMENT 가 될것이라고 언급하고 있다함.

3. 동 서한에 선서한 인사는 하바드 대학총장, 라이샤워교수, 브레진스키교수, HUNTING TON 교수, 미녜아폴리스 시장등인바, 동 서란은 접수되는대로 하편 송부예정임.
(대사 류병현)

예고 : 일반 1985.6.30

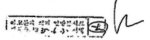

√ 미주국　차관실　1차보　정문국　청와대　안 기　보안사

PAGE 1

III 급 비 밀
CONFIDENTIAL

85.01.08 09:33
외신 2과 통제관

반기문 전 UN 사무총장이 미국 하버드대학 연수 중이던 1985년 미국에 머물던 김대중 대통령의 동향을 국내에 보고한 내용으로 논란을 일으킨 외교전문. 이 전문을 보낸 주미대사관에는 똑같은 내용의 전문이 오른쪽과 같은 '발신전문' 형태로 보관되어 있을 것이다. (ⓒ한겨레)

발 신 전 보

번 호 : WUS-1326   일 시 : 131840   전보종별 : 긴 급

수 신 : 주 미 대사·경유 (친전)

발 신 : 장 관

제 목 :

    대 : USW-1891
    연 : WUS-1048

1. 귀하의 Wolfowitz 차관보 면담시 정상회담후
발표될 레이건대통령의 신문발표문에 아국 요망사항이 최대한
반영되도록 측면적으로 협의바람.

2. 이와관련, 대통령각하께서는 워커대사의 일시귀국에
앞서 4.12(금) 오찬을 베풀고 신문발표문과 관련하여 특히 다음
두가지 점을 강조하셨으니 그 실현에 참고바람.

    가. 한반도 안보에 의한 정확적 긴장고조를 실현하기
        위하여는 국내 평온과 정치적 안정이 불가결의
        요소인 바, 안보수호를 통한 평화와 안정을 위한
        노력에 대하여 레이건대통령이 확고하게 지지하는
        성명을 행주기 바람. 한국의 안정이 깨어지는것은
        한국만의 불행이 아니라 미국을 포함한 이지역의
        평화마저와 불행을 가져올 위험이 크기 때문임.

0099

앙고제	앙년월일비과	기안자	과 장	심의관	국 장	차 관	장 관	외신과	접수과	통 지
										99

되어 있던 원본 문서라는 의미다. 이 전문을 보낸 주미대사관에는 똑같은 내용의 전문이 '발신전보'의 형태로 보관되어 있었을 것이다. 앞 페이지의 오른쪽 문서가 이에 해당한다.

왼쪽 문서의 오른쪽 아래에 '외신 2과 통제관'이라는 글자가 있고, 오른쪽 문서의 같은 위치에는 '외신과'라는 네모 칸 속에 접수자의 서명이 보인다. 요즈음은 전문 시스템이 완전히 전산화되어 각 부서에 설치된 단말기에서 직원들이 직접 전문을 송수신하고 인쇄도 하지만, 1990년대까지만 해도 전문의 송수신은 외신과가 전담했다. 각 부서는 전문을 기안해 결재를 마친 다음 외신과로 들고 가서 발송을 부탁했다. 착신전문을 수령할 때도 각 담당부서가 외신과로 직원을 보내 전문 꾸러미가 든 두툼한 봉투를 받아 왔다.

발신전문은 흰색의 얇고 반투명한 종이로 통일되어 있었고, 착신전문은 복사용지와 같은 재질인데 비밀 등급에 따라 색깔이 다른 종이를 사용했다. 평문은 흰색, 대외비는 주황색, 3급비밀은 푸른색으로 구분되어 있어서 일반공문이나 참고자료가 함께 섞여 있는 두꺼운 문서철 속에서도 비밀전문은 금방 눈에 띄었다. 외교전문은 보통 종이에 인쇄된 일반문서들과는 무게감이 다르다는 사실을 한눈에 느낄 수 있었고 업무 처리나 비밀 관리에도 편리한 점이 많았다. 전문을 포함하여 모든 문서가 프린터용 흰색 복사용지에 똑같이 인쇄되어 나오는 요즈음에는 그러한 장점이 사라져버린 것 같아서 아쉽다.

전화가 없던 시절에 전보를 보낼 때는 글자 수를 줄이는 게 문제였다. 버스요금이 40원이던 1977년 당시 보통전보는 10자에 200원, 지급전보는 10자에 400원이었는데, 현재 가치로 환산하면 보통전보는 6500원, 지급전보는 1만 3000원이나 했던 셈이다. 그러다보니 서울에서 하숙하는 아들에게 할아버지가 위독하시니 빨리 집으로 내려오라는 전보를 칠 때는 '조부위독급귀가'라는 식으로 줄인 말을 만들어서 보냈다. 시골의 어머니가 서울에 사는 딸을 보러 올라간다는 뜻으로 보낸 '모친상경'이라는 전보 내용이 전신국의 실수로 '모친사경'으로 잘못 전달되어 서울의 자식들이 부랴부랴 시골로 내려왔다는 우스갯소리도 있었다.

전보요금을 걱정하기는 외교부도 마찬가지였다. 초창기에는 상업 전신국을 통해서 외교전문을 보냈기 때문에 전신요금이 큰 부담이었다. 전용회선을 빌려서 사용하기 시작한 후에도 요금 문제에 신경을 쓰지 않을 수 없었다. 그래서 발신전문은 되도록 짧게 기안하는 것이 원칙이었고 외교전문에만 사용되는 독특한 용어들이 생겨났다. 44페이지 착신전보의 3항에서 "동 서한은 접수되는 대로 파편 송부예정"이라는 말은 앞에 언급된 편지를 파우치(외교행낭) 편으로 보내겠다는 의미다. 파우치란 본부와 해외공관이 외교문서의 수발에 사용하는 가죽으로 만든 커다란 자루를 말하는데, 급하지 않은 일반문서나 분량이 많아서 전문으로 보내기 어려운 자료를 넣고 봉인한 후에 매주 항공화물로 발송한다. "차파편 송부 위계"라는 생경한 표현도 있는데, 이것은 다음 주에 나가는 파우치 편으로 보낼 계획이라는 뜻이다.

길고 복잡한 내용을 최대한 짧게 줄이면서도 핵심이 빠지지 않도록 전문을 기안하려면 많은 시행착오와 상당한 경험이 필요하다. 나도 결재를 받는 과정에서 상사들이 기가 막힌 솜씨로 군더더기 말을 걸어내고 분량을 줄이는 것을 보면서 감탄했던 적이 한두 번이 아니었다. 그러나 전문 시스템이 전산화되고 나서는 이러한 부담이 없어졌다. 필요하면 얼마든지 자세히 전문을 쓸 수 있게 되자 자연히 전문의 분량도 점점 많아졌다. 그러다보니 내용을 끝까지 읽지 않아도 요점을 한눈에 파악할 수 있도록 전문의 첫머리에 핵심요지를 써넣는 식으로 전문 형태도 바뀌었다.

외교전문 시스템이 전산화되어 편리해졌다고는 해도, 외부 인터넷망과는 분리된 별도의 단말기에서 특수한 프로그램을 사용하기 때문에 국제전화나 이메일을 사용하는 것보다는 번거롭고 시간도 더 걸린다. 이러한 불편을 감수하면서도 외교전문을 통한 소통을 원칙으로 하는 건 보안 때문이다. 2016년 미국 대통령 선거에 나선 힐러리 클린턴 후보가 국무장관 시절에 개인 메일로 업무에 관한 연락을 주고받았던 사실이 드러나 크게 곤혹스러워했던 것도 바로 이러한 맥락에서였다.

지금은 전문 내용을 암호로 변환시키고 이것을 다시 풀어서 보통의 문장으로 만드는 작업이 컴퓨터에서 자동으로 처리되지만, 예전에는 손으로 일일이 암호 작업을 하던 시절도 있었다. 김용식 전 외무부 장관(1995년 작고)의 회고록에 따르면, 1949년 6월 주홍콩영사로 발령받고 부임 선서를 하기 위해 이승만 대통령의 집무실인 경무대를 방문했을 때 대통령 부인 프란체스카 여사가 별실에서 김용식 영사에게 영어사전을 한 권 주면서 암호 전문 작성법을 직접 가르쳐주었다고 한다. 프란체스카 여사는 이 암호작성법이 외부에 절대로 노출되지 않도록 보안에 유의하라고 단단히 당부까지 했다고 한다.

당시에는 이 대통령이 외교관의 해외 출장비까지 따질 정도로 외교 업무를 직접 챙겼고 프란체스카 여사도 외교 업무를 상당히 거들던 시절이어서 '경무대 외교'라는 말이 나올 정도였다. 암호 작성에 영어사전을 사용했다는 것은 미리 약속된 규칙에 따라 숫자와 사전의 글자를 일일이 대조해서 암호를 조립하고 해독했다는 이야기인데, 대통령 부인이 직접 암호 작성법을 가르쳐주었다니 초창기의 한국 외교는 오늘날과 비교하면 거의 가내수공업 수준이었던 것 같다.

김용식 전 장관의 회고록에는 암호 전문을 해독하지 못해서 애를 먹은 이야기도 나온다. 홍콩에서 영사로 근무하던 중에 본부로부터 암호 전문을 받는데 몇 시간이나 씨름해도 해독할 수가 없었다. 할 수 없이 "Re Your Cable Unable Decode Please Advise"(수신 전문을 해독할 수 없으니 가르쳐달라)라고 영어로 전문을 만들어서 본부로 보냈다. 본부에서는 "Please Disregard"(그냥 무시하라)라고 아주 간단한 답변만 돌아왔다고 한다.

아마도 김 영사는 수신전문을 해독할 수 없다고 본부에 문의하는 내용 자체는 비밀에 해당하지 않는다고 생각해서 암호가 아닌 평문으로 전문을 발송했던 것 같다. 이에 대해 본부가 암호 전문의 내용을 설명하는 전문을 평문으로 회신해주었다면 한국의 암호 작성법이 외부에 노출되는 결과가 되었을 것이다. 앞서 발송된 암호 전문과 나중에 보낸 평문 전문을 서로 대조해보면 암호 작성법이 고스란히 드러나기 때문이다. 이러한 위험 때문에 본부에서는 그냥 무시하라고 했던 것이다.

이 경우에는 본부에 전문의 내용을 가르쳐달라고 평문으로 문의한 것 자체가 실수였다고 할 수 있다. 그때 해독에 실패했던 암호 전문의 내용은 한국 정부가 공군의 재건을 위해 홍콩에 거주 중인 미 공군 장성 클레이 리 셰놀트를 초청하려고 하니 그를 만나서 초청에 응하도록 하라는 지시였다고 한다.

다시 44페이지 착신전보의 맨 아래쪽 전문 배포처를 보면, 외교부 이외에도 청와대와 안기부(국정원), 심지어 보안사에도 사본이 배포되었음을 알 수 있다. 경제 분야의 전문일 경우에는 관련한 경제부처에도 사본이 배포된다. 이처럼 외교전문은 그 내용이 청와대, 총리실, 관계 부처에 실시간으로 폭넓게 공유되는 특징이 있는데, 이것이 큰 위력을 발휘한 사례가 2003년의 김포-하네다 항공 노선 취항이었다.

1990년대 말 한일 간의 인적 교류가 폭발적으로 늘어났지만 일본 나리타공항의 수용 능력 한계 때문에 필요한 만큼 항공편을 늘릴 수 없었다. 김포-나리타 항공편은 만성 공급 부족에 시달렸고, 주일 한국대사관은 좌석 예약을 부탁하는 청탁 전화에 몸살을 앓을 정도였다. 이러한 문제를 해결하기 위해 김포-하네다 노선을 개설하자는 아이디어가 등장했는데 정작 한국에서는 반대의 목소리가 나왔다. 당시는 2001년 3월에 개항한 인천공항을 하루속히 동북아 허브 공항으로 육성하기 위해서 김포공항은 국내선 전용으로 용도를 제한하고 대신 인천공항에 힘을 모아주고 있었다. 그러한 상황에서 김포-하네다 노선 이야기가 나오자 주무 부처인 건설교통부가 반대하는 것은 당연했다.

그러나 이용자 입장에서는 도심에서 가깝고 편리한 김포-하네다 노선에 훨씬 매력을 느낄 수밖에 없었다. 김포-하네다 노선으로 인적 교류가 촉진되면 한일관계에도 긍정적인 효과가 있으리라는 기대 때문에 당시 내가 근무하던 주일 한국대사관도 일본 외무성과 의기투합해 노선 개설을 위해 열심히 뛰었다. 김포-하네다 노선이 양국 국민들에게 가져다주는 이익과 한일관계에 미치는 효과를 외교전문으로 설득력 있게 정리해서 본부로 보냈다. 원본 수신처는 외교부였지만 사본 수신처에 청와대와 총리실은 물론, 건설교통부와 그 밖의 모든 관계 부처를 포함시켰다. 하나라도 많은 정부부처가 그 전문을 읽어보고 김포-하네다 노선 개설에 찬동하도록 만들려는 의도였다.

효과는 금세 나타났다. 청와대가 대통령 일본 방문의 성과사업 중 하나로 김포-하네다 노선 개설을 검토하기 시작했다. 건설교통부는 인천공항 허브화 구상 때문에 계속 소극적인 입장을 보였지만, 공급자보다는 이용자 중심의 시각에서 설득력 있게 정리된 논리가 이미 외교전문을 통해 널리 확산되어 정부 내부에서는 찬성론이 대세였다. 결국 2003년 6월 노무현 대통령의 일본 방문에서 양국 정부가 김포-하네다 노선 취항에 합의했고 그해 11월부터 운항이 시작되었다. 외교 분야에서는 국민들의 실제 생활에 구체적인 영향을 주는 업무를 경험할 기회가 그리 많지 않은데, 지금도 김포-하네다 노선을 이용할 때면 이때의 추억을 즐겁게 떠올려보곤 한다.

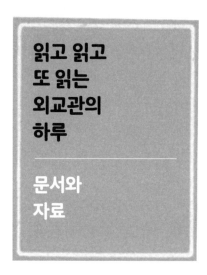

**읽고 읽고
또 읽는
외교관의
하루**

**문서와
자료**

외교관의 하루는 '읽는 일'로부터 시작된다. 외교관의 일상에서 시간과 에너지를 가장 많이 투입하게 되는 일이 바로 문서와 자료 읽기다. 초년병 시절부터 은퇴하는 그날까지, 매일 읽고 소화해야 하는 수많은 자료들로부터 결코 해방될 수 없는 운명이다. 읽는 게 싫은 사람에게 외교관이란 결코 행복한 직업이 될 수 없다고 자신 있게 말할 수 있다.

해외에 나가 대사관에 근무하는 중견 외교관의 하루 일과를 보

자. 아침 일찍 대사관으로 출근하면 사무실 컴퓨터부터 켠다. 컴퓨터는 두 대가 놓여 있다. 하나는 인터넷을 자유롭게 사용할 수 있는 보통 컴퓨터고, 다른 하나는 외부로부터의 해킹을 방지하기 위해 인터넷 연결을 아예 막아놓은 내부망 전용 컴퓨터다.

내부망 컴퓨터는 전용회선으로 서울의 외교부 본부와 연결된다. 암호 처리한 데이터를 사용하기 때문에 중요한 비밀문서도 안전하게 주고받을 수 있다.

내부망 컴퓨터가 부팅되면 제일 먼저 수신문서부터 확인한다. 밤새 본부로부터 어떤 지시전문이 도착했는지 모니터 화면의 목록을 살펴본다. 수신문서 목록에 오른 전문들은 비밀등급에 따라 평문, 대외비, 3급 비밀 식으로 분류돼 있고, 처리해야 할 시급성에 따라 일반, 지급, 긴급 같은 표시가 되어 있다.

중요한 내용이라면 당연히 평문이 아닌 비밀로 작성됐을 테고, 서둘러 처리해야 할 사안이라면 지급이나 긴급으로 왔을 테니, 비밀등급이 높은 전문과 지급·긴급 전문을 우선 살펴본다. 전문의 내용을 훑어보고 나서 그중에 한시라도 빨리 처리해야 할 일이 있다고 판단되면 업무 시작 전이라도 바로 대사나 공사에게 전화로 보고하고 처리 지침을 받아야 한다.

본부가 대사관으로 보내는 전문에는 업무지시 이외에도 대사관이 업무상 알아두어야 할 통보 내용도 있다. 본국 정부의 중요

한 정책 발표 내용이나 외교부 본부의 주요 방침과 활동 동향 등
이다. 분량으로 보면 지시전문보다는 이러한 통보전문이 훨씬 많
다. 또한 제3국에 나가 있는 대사관이 본부로 보내는 보고전문
가운데 다른 대사관에서도 참고할 만한 전문이 있으면 그 사본을
배포하기도 한다.

이처럼 대사관이 수신하는 전문만 해도 그 종류와 분량이 상당
히 많은데, 오전 업무를 시작하기 전에 또 하나 반드시 읽어야 하
는 게 현지의 언론 기사 스크랩이다. 해외 근무를 하면서 그 나라
의 최신 동향을 파악하려면 주재국의 신문이나 방송을 꼼꼼히 모
니터링하는 일이 기본이다. 예를 들어 일본의 경우에는 매일 챙
겨 봐야 하는 조간신문이 여섯 종류나 된다.

예전에는 주일대사관에 근무하는 젊은 외교관들이 당번을 정
해서 매일 새벽 사무실에 나와 6개 일간지를 챙겼다. 한국 관련
기사, 일본 관련 주요기사, 국제정세 관련 주요기사를 모두 오려
스크랩한 후 본부에 팩스로 보고하고 대사관에도 배포했다. 요즈
음은 언론 스크랩 전담 인력을 따로 배치해서 활용하고 있고, 본
부에 보낼 때도 팩스가 아니라 스캔한 파일을 내부망에 올리는
방식으로 발전했다.

이렇게 만드는 일본 언론 스크랩은 보통 40~50쪽 분량인데
한일 간에 중요한 외교현안이 있을 때는 이보다 훨씬 늘어난다.

꼼꼼히 읽으려면 이것도 상당한 부담이 되는데 아무리 시간에 쫓기더라도 제목만큼은 모두 훑어봐야 한다. 그중에서 중요한 기사의 경우, 즉시 일본 외무성 등 해당 부처를 통해 관련 내용을 추가로 파악해 본부에 보고해야 한다.

아침에 읽어야 하는 것은 여기서 끝이 아니다. 외교관은 주재국의 동향을 상세히 파악하고 있어야 함은 물론이고 본국의 동향에도 어두워서는 안 된다. 본부에서는 대변인실에서 매일 아침 일찍 국내 언론에 보도된 외교부 관련 기사를 전부 스크랩해서 내부망에 파일로 올린다. 관련 사설이나 칼럼까지 망라하기 때문에 100쪽을 넘는 경우도 있다.

1990년대 이후 민주화가 이루어지고 인터넷이 발달하면서 국내 여론이 외교에 미치는 영향력이 점점 커지고 있기 때문에 업무에서 국내 언론 스크랩이 차지하는 중요성도 높아지고 있다. 해외에서 근무할 때는 주재국과 관련된 내용이 한국 언론에 보도되는지 여부가 제일 큰 관심사다. 현지의 대사관이 제대로 역할을 하지 못하고 있다든지 영사 업무에서 민원인의 불만을 샀다든지 하는 기사에도 신경을 써야 한다.

언론 기사 가운데 자기가 맡은 업무와 직접 관계가 없는 내용이라고 해서 제쳐놓을 수는 없다. 외국인들의 입장에서는 한국의 외교정책이나 최신 동향에 대해서는 한국 외교관이 가장 권위 있는 대답을 해줄 것이라고 기대하기 마련이다. 예를 들어 동남아 지역의 대사관에 근무하더라도 주재국 사람들로부터 한미관계나 한중관계에 대해 질문을 받을 수 있고, 한국의 경제 동향이나 복지정책에 대해 갑자기 설명해야 하는 경우도 있다. 이럴 때 상대방에게 참고가 될 만한 수준의 답변을 해주려면 본부에서 들어오는 전문뿐만 아니라 국내 언론 스크랩도 꼼꼼히 훑어봐야 한다. 외교 분야 이외의 뉴스도 인터넷을 통해 어느 정도 파악해둘 필요가 있다.

반기문 전 UN 사무총장이 재임 당시 매일 새벽 4시 30분에 일어나서 제일 먼저 하는 일이 비서가 가져다주는 언론 스크랩을 들춰보는 일인데, 스크랩의 맨 위 기사들은 외신 기사가 아니라 한국 언론 기사라는 내용을 보도에서 본 적이 있다. 이것은 국내 정치에 큰 관심이 있기 때문이기도 하겠지만, 수십 년 동안 외교 현장에서 일하면서 자연스럽게 몸에 밴 업무 스타일 때문이라고도 할 수 있다.

대사관이 아니라 서울의 본부에 근무할 때는 읽기의 부담이 몇 배나 더 늘어난다. 해외 근무보다 본부 근무가 업무량이 훨씬 많으니 읽어야 할 자료도 많은 것은 당연한 일이다. 접수되는 전문만 하더라도 대사관의 경우에는 주재하는 나라를 중심으로 한 내용에 한정되지만, 본부에는 세계 각국의 160개가 넘는 대사관, 총영사관, 대표부로부터 24시간 쉴 새 없이 보고전문이 들어온다.

대사관의 업무에 대한 평가기준 가운데 하나가 본부에 보고한 전문의 건수이기 때문에 대사관들은 한 건이라도 더 많이 전문을 보고하려고 서로 경쟁한다. 심한 경우에는 한 건으로 보고해도 될 전문을 두세 건으로 쪼개서 보고하거나, 이미 언론에 다 보도된 내용이라든지 아주 사소한 사안까지 전문으로 보고하는 일도 없지 않다.

규모가 큰 대사관의 경우에는 1년 동안 생산해내는 보고전문이 수천 통이나 될 정도이니 본부의 각 담당부서는 수신전문을 아침에 한 번만 체크해서는 곤란하다. 오전 시간이 지나고 나면 금세 또 수신문서 목록이 가득 차기 때문에 오후에도, 그리고 저녁에도 추가로 확인해봐야 한다.

직급이 올라갈수록 읽어야 할 자료도 점점 늘어난다. 말단의 실무 담당자는 자신의 담당 업무에 관한 전문이나 자료만 읽어도 되지만, 직급이 올라 담당 업무의 범위가 넓어지면 읽어야 하는 자료가 덩달아 늘어난다. 물론 위로 올라가면 사소한 보고전문까지 일일이 읽을 필요는 없다. 그러나 중요한 것만 추려내도 읽어야 할 자료는 산더미처럼 쌓인다.

장관이나 차관쯤 되면 도저히 전문이나 자료를 직접 챙겨 볼 여유가 없어 따로 보좌관을 두고 챙기도록 한다. 보좌관은 아침 일찍 수신전문을 확인해두었다가 장차관이 출근하면 밤새 어떤 전문들이 들어왔는지 보고한다. 간단한 전문은 구두보고로 끝내지만 중요한 것은 핵심 부분에 밑줄을 쳐서 직접 읽어보도록 한다. 보좌관의 도움을 받는다고 해도, 눈코 뜰 새 없이 바쁜 일정을 소화해야 하는 장차관에게 전문과 자료들을 직접 읽는 일은 큰 부담이 아닐 수 없다.

예전에 어떤 장관은 취임하자마자 자신은 전문을 읽지 않겠다고 공개적으로 선언하기도 했다. 장관으로서 세세한 데 집착하기보다는 큰 그림을 보는 데 집중하겠다는 취지였을 것이다. 그는 전문을 직접 읽지 않는 대신 보좌관과 간부들로부터 구두로 내용을 보고받고 업무를 처리했다. 하지만 결국은 방침을 바꾸었고 중요한 전문은 읽어보지 않을 수 없었다. 구두보고만 받는 것과 핵심 내용만이라도 직접 읽어보는 것은 역시 큰 차이가 있기 때문이다.

본부에 근무하든 해외 대사관에 근무하든 아침 일찍부터 전문과 언론 스크랩을 읽어두지 않으면 업무를 제대로 쫓아갈 수가 없다. 누군가가 어느 사안에 대해 물어봤을 때 그런 일이 있느냐고 되묻거나 아직 안 읽어봤다고 답한다면 상대방으로부터 좋은 평가를 받기 어렵다. 그렇다고 해서 할 일은 많은데 오전 시간이 다 가도록 자료만 읽고 있을 수도 없는 노릇이다. 우선 중요한 것만 서둘러 읽고 나머지는 나중에 짬을 내어 읽을 요량으로 책상 한쪽에 일단 모아둔다. 이렇게 모아둔 자료를 그날 일과 중에 어떻게든 다 읽을 수만 있으면 다행이다. 때로는 외부에서 저녁 일정이 끝난 후 밤늦게 다시 사무실에 들어가서 마저 읽거나 집으로 싸들고 가는 경우도 있다.

매일 아침에 기본으로 읽어야 하는 자료만 해도 이 정도인데다 그 밖에 평소에 꾸준히 읽어야 하는 자료도 끊이지 않는다. 회의에 참석하려면 두꺼운 회담자료를 미리 읽어야 하고, 중요한 사람과 면담 일정이 있으면 면담자료를 챙겨야 한다. 외교현안을 깊이 이해하고 처리하려면 참고자료도 많이 읽어야 한다. 국제무대에 내놓아도 빠지지 않는 외교관이 되려면 〈뉴욕 타임스〉, 〈이코노미스트〉, 〈포린 어페어스〉 등 국제적으로 지명도 있는 매체에 실린 글에도 관심을 가져야 한다.

또 하나 중요한 것은 반드시 원문 자료를 구해서 읽어보는 습관을 길러야 한다는 점이다. 외교 문제에 관한 중요한 합의문이 발표되거나 공동선언이 채택되었을 때 보고전문이나 언론 보도만 봐서는 전모를 정확하게 파악하기 어렵다. 대개 핵심만 요약하거나 중요 내용만 선별해서 보도해 세부 내용이 많이 생략되기 때문이다. 프로페셔널한 외교관이라면, 그리고 장차 능력 있는 외교관으로 성장하고 싶다면 따로 발표문 원문을 구해서 꼼꼼히 읽어봐야 한다. 그 속에서 양쪽이 서로의 입장을 최대한 반영하기 위해 애쓰고 타협한 흔적을 발견할 수 있고, 행간에 숨어 있는 시사점을 찾아낼 수 있기 때문이다.

이렇게 감당할 수 없을 징도로 쏟아지는 읽을거리들을 매일 밀리지 않고 읽어낸다는 것은 사실 불가능한 일이다. 그렇지만 오늘도 전세계의 수많은 외교관들이 없는 시간을 쪼개 읽어야 할 자료들과 사투를 벌이고 있다. 외교관은 좌우간 '읽어야 산다'.

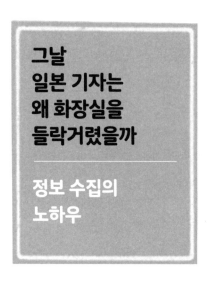

그날
일본 기자는
왜 화장실을
들락거렸을까

정보 수집의
노하우

외교관의 중요한 임무 가운데 하나는 외국에 주재하면서 현지의 정보를 수집하는 일이다. 정보를 수집하는 방법은 크게 두 가지인데, 신문이나 책 같은 공개 자료를 이용하는 것 또는 그 나라의 관료, 정치인, 언론인, 학자 등 중요한 사람을 만나서 이야기를 듣는 것이다. 그런데 어느 나라에 가서 근무하느냐에 따라 사람을 만나는 일이 쉬울 수도 있고 어려울 수도 있다. 나라마다 사정이 다르기 때문이다.

개인적인 경험으로 볼 때 일본은 사람을 만나기가 아주 수월한 곳이다. 한국대사관에 근무하는 외교관이라고 신분을 밝히고 면담을 신청하면 못 만나는 경우가 거의 없다. 거꾸로 중국은 사람 만나기가 상당히 어려운 나라다. 어렵게 사람을 만났더라도 깊은 이야기는 좀처럼 해주지 않는다.

미국은 개방된 선진 사회이지만 일본만큼 사람 만나기가 쉬운 곳은 아닌 것 같았다. 내가 샌프란시스코 총영사관에서 영사로 근무할 때의 일이다. 새로 온 총영사가 캘리포니아 주지사에게 부임 인사차 면담을 신청했는데 몇 개월이 지나도 좀처럼 성사되지 않았다. 비서실에서 여러 차례 재촉해봤지만 주지사실에서는 나중에 실제 용건이 있을 때 다시 신청하라는 답변만 보내왔다. 괜한 인사치레로 서로 시간 뺏기지 말자는 이야기인데, 미국 사회가 아무리 실용적인 면을 중시한다고 하지만 너무 빡빡한 것이 아닌가 하는 생각이 들었다.

중국은 공산당 일당지배의 권위주의 체제이기 때문에 언론의 자유도 제한되어 있고 공개된 정보도 턱없이 부족하다. 신화新華 서점 같은 큰 책방에 가보면 출판물은 많지만, 중국의 내부 사정을 깊이 있게 알 수 있는 책은 드물다. 각종 연구소들도 대개 정부로부터 독립되어 있지 않기 때문에 그곳에서 나오는 자료를 가지고 중국의 실상을 파악하는 데는 한계가 있다. 당이나 정부의 정책결정 과정이 폐쇄적이므로 학자를 비롯한 외부의 전문가들도 깊이 있고 정확한 정보를 가지고 있지 못한 경우가 많다. 따라서 당 간부나 관료 등 내부 정책결정 과정에 직접 참여하는 사람들의 이야기를 듣는 것이 중요한데, 문제는 마음먹은 만큼 이들을 만날 기회가 흔치 않다는 사실이다.

베이징의 한국대사관에 근무해보니, 중국 측 관계자를 만나려면 원칙적으로 그들이 소속한 기관의 외사판공실을 통해서 면담 신청을 해야 한다는 사실이 낯설었다. 외사판공실이란 일종의 대외창구로서 국제협력실과 같은 역할을 하는 부서다. 외부 면담 요청을 전부 이곳에서 처리하면서 직원들의 대외활동을 관리하고 통제하는 셈이다. 그러다보니 면담 대상자와 직접 연락해서 약속을 잡는 경우보다 일이 훨씬 까다로워지는 것 같았다.

또 한 가지 중국에서 기억에 남는 것은 면담 약속이 잡혀도 당사자 혼자서 나오는 경우가 거의 없다는 점이다. 중국 정부나 연구소 관계자들을 만나러 가보면 거의 예외 없이 두세 명 이상이 함께 나온다. 물론 면담 내용을 기록할 부하 직원을 데리고 나오거나 업무상 관련이 있는 직원이 동석하는 것은 어느 나라든 흔한 일이지만, 중국의 경우에는 단독 면담을 꺼리는 또 다른 이유가 있는 것 같았다.

경제 관련 연구소의 연구원을 만나러 갔을 때의 일이다. 작은 회의실에서 테이블을 사이에 두고 연구원이 내 맞은편에 혼자 앉았다. 그런데 회의실의 출입문 안쪽 간이의자에 30대쯤 되어 보이는 남자 직원이 앉아서 면담 내내 우리를 지켜보고 있었다. 옷차림이나 인상으로 볼 때 연구하는 사람은 아닌 것 같았고, 그렇다고 비서나 안내원도 아니었다. 면담이 끝나고 우리가 일어서자, 그 사람은 출입구 바깥쪽으로 나가서 우리가 나오기를 기다렸다. 그런데 우리가 출입문 쪽으로 가다 잠시 멈추어 한두 마디 더 이야기를 나누기 시작하자 그 사람은 화들짝 놀라서 얼른 다시 안쪽으로 들어와 우리를 주시하는 것이었다. 면담 과정에서 혹시 민감한 내용은 없는지 감시하는 일이 아마 그 사람의 역할인 듯했다. 일단 면담이 끝난 줄 알았는데 우리가 다시 이야기를 시작하니까 무슨 내용인가 싶어 급히 되돌아온 것이었다.

중국에서는 공무원이나 학자들이 외국에 기밀을 누설한 죄로 처벌받는 일이 심심치 않게 있다. 한국과 관련된 경우만 하더라도 리빈 전 주한대사나 사회과학원의 진시더 박사가 처벌받은 사례가 있었고, 후진타오–김정일 정상회담의 통역을 맡았던 대외연락부의 장류청 한반도 담당 처장은 사형까지 당했다. 사정이 이렇다보니 중국 측 관계자들이 좀처럼 깊은 이야기를 하지 않으려는 것도 이해는 된다. 그들의 입장에서는 외국 대사관 사람을 괜히 단독으로 만났다가 내부에서 의심을 받기보다는 차라리 2명

이상이 함께 만나서 확실한 알리바이를 만들어두는 편이 안전할 수도 있다.

반면 일본은 외교관의 입장에서 굉장히 일하기 좋은 곳이다. 우선 공개된 정보가 넘쳐난다. 매일 쏟아져 나오는 출판물과 공개보고서들만 챙겨 봐도 상당히 깊이 있는 정보를 얻을 수 있다. 게다가 다양한 분야의 사람들을 만나는 데 별로 어려움이 없다. 마음만 먹으면 얼마든지 쉽게 그리고 자주 만날 수 있다. 오히려 시간이 부족해서 만나고 싶은 사람을 다 만날 수 없을 정도다. 게다가 일단 만나면 깊은 이야기도 잘해준다. 1980년대 중반에 내가 처음 일본으로 해외연수를 떠날 때 외교부의 대선배한테 들은 말이 있었다. 우리가 미국의 정책결정 과정에 깊이 접근하는 데는 한계가 있지만, 일본의 정책결정에는 깊이 들어가서 영향을 미칠 수 있으니 열심히 공부해보라는 조언이었다. 아마도 일본에서는 정·관계의 중요한 사람들을 만나 내부사정을 상세히 파악할 수 있고 실제 정책에도 영향을 줄 수 있다는 의미였을 것이다.

일본은 관료의 힘이 막강하지만 정책의 큰 흐름은 관료가 아닌 정치인이 결정하기 때문에 일본에 주재하는 각국의 대사들은 정계 인사들과 인맥을 쌓는 데 상당한 에너지를 투입한다. 주일 한국대사관에서도 정치인들과의 접촉은 중요한 업무의 하나다. 대사나 공사쯤 되면 거물급 정치인을 만나는 데 아무런 어려움이 없다. 대사관에서 중간 직위, 허리 구실을 담당하는 참사관은 서울의 본부에서는 과장급에 해당하는데, 일본에서는 본인의 역량만 받쳐주면 얼마든지 정치인을 만날 수 있다. 심지어 실무자인 서기관급도 정치인과 만나는 게 불가능하지는 않다. 반면 미국은 주미대사관에 의회과가 따로 있을 정도로 정치인의 역할이 중요한 나라지만 대사 이외의 직원들이 정치인을 직접 만나기는 어렵다. 중국에는 국회와 유사한 조직으로 전국인민대표대회가 있지만 진정한 대의정치기관이 아니다. 따라서 중국에 주재하는 외교관들에게는 사실상 정치인을 상대하는 업무 자체가 없는 셈이나 마찬가지다.

외교관은 엄격한 계급이 있는 집단이기 때문에 주재하는 나라의 외교부 관계자를 만날 때는 본인의 계급에 따라 상대가 정해진다. 주일대사관의 경우에는 일본 외교부를 상대할 때 대사가 장관이나 차관, 그 아래의 공사가 차관보나 국장, 중간 간부인 참사관 또는 1등서기관이 과장을 만나는 식으로 역할 분담이 되어 있다. 이러한 위계질서를 벗어나는 일은 거의 없다. 그러나 정치인을 만날 때는 그런 규칙이 엄격하게 적용되지 않는다. 대사가 장관급 이상의 거물 정치인들을 주로 만나고, 그 밖에는 당선 횟수나 정치적 비중에 따라 공사 이하의 직원들이 상대를 적절히 나누어 맡는 것이 기본이다. 때로는 참사관급에서 중요한 정치인을 만나기도 하는 등 얼마든지 예외가 있다.

2009년 일본의 정권교체는 전례없는 사건이었다. 그것은 54년에 걸친 자민당 장기독주 체제 속에서 형성되었던 파워엘리트 집단의 교체를 의미하는 것이기도 했다. 의원내각제인 일본에서는 장관 자리를 여당 정치인들이 돌아가며 맡고, 부처별로 차관급 자리에 2명에서 6명까지 여당 정치인이 들어온다. 그동안 야당이었던 민주당의 정치인들이 한꺼번에 이런 자리들을 차지하게 되었으니 일본의 국내 정치 지형이 근본적으로 변화한 셈이었다. 주일대사관에서도 민주당 의원들과 새롭게 인맥을 구축하기 위해 모든 직원들이 전방위로 뛰지 않을 수 없었다. 당시에 공사참사관(공사급 참사관이라는 의미의 계급)으로 근무하던 나도 하루에 몇 번씩 국회의원회관을 드나들며 민주당 정치인들을 만나서 네트워크를 만들었다.

정계나 관계의 뒷이야기를 가장 실감나게 들을 수 있는 것은 역시 언론인들을 통해서다. 주일대사관에서도 언론인들과의 인맥은 아주 중요한 자산이다. 대사가 언론사의 사주나 사장급을 만나고 공사가 편집국장이나 부장급을 주로 만난다. 참사관 이하 직원들은 부장급에서부터 일선 취재기자까지 다양하게 접촉한다. 그중에서도 서울특파원으로 근무한 경험이 있는 기자들은 중요한 접촉 상대다. 이들을 만나서 일본의 국내 정치 전망이나 일본 외교부의 내부 동향을 파악한다. 사람들 사이의 친소관계나 인사 발령의 숨은 배경도 유용한 정보다. 이렇게 사람들을 만나서 다양한 이야기를 듣고 보고서를 쓰다보면 외교관의 업무가 일선 취재기자들이 하는 일과 많이 닮았다는 생각도 든다.

사람을 만날 때 문제가 되는 것은 기억력이다. 면담 결과를 보고서로 만들어야 하기 때문이다. 사무실에서 공식적으로 면담을 할 때는 상대방의 이야기를 직접 메모하거나 동행한 부하 직원이 기록하면 되므로 문제가 없다. 그러나 식사를 하거나 차를 마시면서 편하게 이야기하는 자리에서 메모를 하기 시작하면 상대방도 긴장해서 말을 조심하게 된다. 솔직하고 깊이 있는 대화를 끌어내려면 수첩도 꺼내놓지 말고 상대방의 얼굴을 보면서 자연스러운 분위기를 만들어야 한다. 가벼운 잡담도 하면서 긴장을 푸는 게 좋지만 상대방의 이야기 중 중요한 부분은 머릿속에 정확히 기억해두어야 나중에 보고서로 만들 수 있다. 그러나 기억력에 한계가 있으니 간단한 일이 아니다.

이러한 문제를 해결하기 위해서 여러 가지 방법이 동원된다. 테이블 아래 손을 내려놓고 보이지 않게 조금씩 메모를 하기도 하고, 바람직한 방법은 아니지만 몰래 녹음을 하기도 한다. 내 경우에는 식탁에 놓인 종이 냅킨이나 종이로 된 컵받침의 뒷면에 키워드만 조금씩 표시하는 방법을 자주 썼다. 그러나 이것은 어디까지나 보조 수단일 뿐이고 어떻게든 머릿속에 기억해두려고 노력해야 한다. 그리고 상대방과 헤어지고 나면 돌아오는 차 안에서든 어디서든 기억이 사라지기 전에 바로 중요한 내용을 수첩에 기록해두어야 한다.

주일대사관에 근무할 때 어떤 일본 기자를 만나 저녁식사를 하면서 편하게 많은 이야기를 나눈 적이 있었다. 현안 문제에 대해서 내가 한국의 입장을 자세히 설명해주었는데 다음 날 일본 신문에 그 내용이 상당히 큰 기사로 실렸다. 놀라웠던 것은 그 기자가 식사하는 동안 전혀 메모를 하지 않았는데도 내가 설명한 내용을 아주 정확히 기사에 담아냈다는 사실이었다. 곰곰이 생각해보니 식사 도중 그 기자가 유난히 자주 화장실을 들락거렸는데, 화장실에 갈 때마다 그 안에서 메모를 한 게 틀림없었다.

사람을 만나는 데는 이런 애환도 따르지만 외교관 생활의 큰 보람 중 하나는 역시 다양한 사람들을 많이 만나볼 수 있다는 것이다. 외교관은 주재하는 나라에서 중요한 사람들을 만나기에 가장 유리한 위치에 있다. 누구에게든 신분을 밝히고 만나고 싶다고 하면 호의적으로 검토해준다. 외교관이라는 직업이 갖는 국제적인 신용도 덕분이다.

2

대통령의
외교

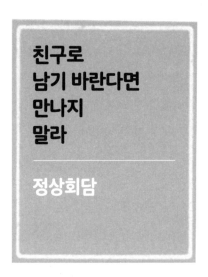

친구로
남기 바란다면
만나지
말라

정상회담

한때 국제 외교무대의 주인공은 외교장관들이었다. 나폴레옹전쟁 후 유럽의 질서 회복을 위해 소집된 빈 회의를 이끌었던 쟁쟁한 인물들인 오스트리아의 클레멘스 폰 메테르니히, 영국의 로버트 스튜어트 캐슬레이, 프랑스의 샤를 모리스 드 탈레랑은 모두 외교장관이었다. 그러나 20세기에 접어들면서 이들의 존재감은 급격히 줄어들었다. 대통령이나 총리가 주역이 되는 정상외교의 시대가 찾아왔기 때문이다.

한국의 정상외교는 어땠을까. 조선시대에 국왕이 정상외교를 하러 외국에 나갔던 일은 아마도 없을 테고, 외국의 정상이 조선 땅을 밟은 것은 병자호란 때 쳐들어온 청 태종 홍타이지밖에는 없는 것 같다. 남한산성으로 피난했던 인조 임금이 59일을 버티던 끝에 1637년 2월 24일 성 밖으로 나와 청 태종에게 항복의 표시로 세 번 절하고 아홉 번 머리를 조아렸던 것이 조선시대 유일한 정상외교의 씁쓸한 한 컷이다.

조선은 1876년 강화도조약 이후 뒤늦게 서구식 근대 외교의 대열에 합류했지만 1905년의 을사늑약으로 일본에 외교권을 박탈당했다. 그 후 식민지로 전락하여 1945년에 해방되기까지 외교의 공백기가 계속되었다. 명색이나마 근대 외교라는 것을 해본 경험은 고작 30년도 되지 않는다. 외교의 안목과 내공을 기르려면 자기 나라의 외교사를 깊이 공부해야 하는 법인데, 사정이 이렇다보니 한국의 외교관들은 공부할 만한 재료가 절대적으로 부족하다. 중국이나 일본 외교관들이 청일전쟁, 러일전쟁, 1차대전, 2차대전 등 굵직한 사건에 관련된 외교 기록들을 다양한 각도로 분석하고 교훈을 끌어내는 데 비해, 한국 외교관들은 남의 기록을 보며 간접적으로 공부할 수밖에 없다.

한국의 정상외교 제1호는 1949년 8월 7일 진해에서 개최된 이승만 대통령과 장제스 대만 총통의 정상회담이었다. 장제스 총통은 정부 수립 후 1년도 지나지 않은 신생 대한민국이 처음 국빈으로 맞이하는 외국 정상이었다. 그런데 왜 수도 서울이 아닌 진해에서 회담을 했을까. 자료를 찾아봤더니 서울의 치안 문제를 걱정한 이승만 대통령의 지시 때문이었다고 한다. 해방 직후의 혼란에서 아직 완전히 벗어나지 못한 상황이라 군부대가 있는 진해가 정상회담 장소로 더 안전하다고 판단했던 것이다. 불과 40일 전에 백범 김구 암살 사건이 벌어졌을 정도이니 그럴 수도 있겠다는 생각이 든다.

한국 최초의 정상회담에서 우리 측이 사용한 언어는 뜻밖에도 영어였다. 이 대통령은 유창한 영어로 회담을 진행했고 장 총통은 중국어를 사용했다. 당시 국회 속기사의 회고담을 보면 영어와 중국어를 몰라서 그냥 앉아 있었는데 마침 옆에 있던 외무부 황성수 정보국장이 귓속말로 통역을 해줘서 겨우 속기를 할 수 있었다고 한다. 중요한 정상회담 자리에 왜 한국어 통역이 없었는지 알 수 없다. 다만 장 총통이 만찬행사에 참석한 신익희 국회의장에게 '중국인보다 더 중국어를 잘한다'고 칭찬했다는 기사가 실린 것을 보면, 당시 한국의 고위 관계자들 가운데에는 임시정부에서 활동했던 경험 등이 있어서 중국어를 할 줄 아는 사람이 많았던 것 같다.

이승만 대통령은 장제스 총통의 진해 방문에 대한 답례로 1953년

1949년 8월 7일 진해에서 열린 이승만 대통령과 장제스(가운데) 대만 총통의 정상회담. 장제스 총통은 정부 수립 후 1년도 지나지 않은 신생 대한민국이 처음 국빈으로 맞이하는 외국 정상이었다. 《사진으로 보는 6·25전쟁과 이승만 대통령》(국방부 군사편찬연구소·연세대학교 이승만연구원, 2011) 중.

11월에 대만을 방문했다. 이것이 한국 대통령이 정상외교를 위해 공식적으로 외국을 방문한 첫 번째 사례였다. 그에 앞서 이 대통령은 1948년 10월과 1950년 2월에 도쿄에 머물고 있는 더글러스 맥아더 연합군 총사령관을 만나기 위해 일본을 방문했고, 1953년 1월에는 마크 클라크 UN군 사령관을 면담하기 위해 일본을 방문했지만 모두 비공식 방문이었다. 두 번째와 세 번째 방일 때에는 미군정 당국의 주선으로 요시다 시게루 일본 총리를 만나기도 했지만 역시 공식 정상회담이 아니라 비공식 면담의 형태였다.

20세기에 들어 정상외교가 활발해졌다고는 하지만 한국의 경우에는 1970년대까지도 그다지 활발하지 않았다. 이승만 대통령은 12년의 재임 기간 동안 일본, 대만, 미국, 베트남 등 겨우 4개국을 방문했다. 박정희 대통령도 집권 18년 동안 8개국을 방문했을 뿐이니 결코 많은 횟수라고 할 수 없다. 그러다 1980년대에 전두환 대통령이 7년 남짓한 임기 중 7차례에 걸쳐 18개국을 순방해 본격적인 정상외교의 시대로 접어들었다. 그 후 역대 대통령들의 해외순방 횟수는 빠른 속도로 늘어났다. 김영삼 대통령은 14차례 28개국, 김대중 대통령은 23차례 37개국, 노무현 대통령은 27차례 55개국을 방문했다. 정상외교의 챔피언(?) 기록은 아마도 당분간 이명박 대통령이 보유하게 될 것 같다. 이 대통령은 5년의 임기 동안 무려 49차례에 걸쳐 89개국을 방문하는 왕성한

정상외교를 보여주었다. 탄핵으로 임기를 다 채우지 못한 박근혜 대통령은 약 4년의 임기 동안 26차례 40개국을 방문했다.

박정희 대통령에 대해서는 흥미로운 일화가 있다. 박 대통령은 1972년 11월 13일부터 6일 동안 일본을 공식 방문할 예정이었다. 10월 6일 대외발표에서는 정상회담과 같은 필수 일정 이외에 오사카, 교토, 나라 등 지방 방문 일정이 포함되며, 육영수 여사와 함께 당시 서강대학교 3학년이던 맏딸 박근혜가 동행한다고 했다. 예정대로였다면 처음으로 일본을 공식 방문한 한국 대통령이 되었을 것이다. 그러나 박 대통령이 10월 17일 전국에 비상계엄을 선포하고 장기집권과 독재체제의 기반을 위한 10월 유신을 단행함에 따라 방일 계획은 발표된 지 2주일 만에 전격 취소되었다. 국가원수의 외국 방문은 몇 달 전부터 치밀하게 사전준비가 이루어지기 때문에 대외적으로 발표된 시점에는 어느 정도 밑그림이 마련되어 있었다고 보는 것이 상식이다. 그런데 대통령의 방일 계획이 갑자기 취소되었으니 그 배경에 관해 많은 억측이 나올 수밖에 없다. 당시 외무부에서 일본 업무를 담당했던 전직 대사로부터 들은 이야기에 따르면, 방일 계획이 발표된 후 준비 상황을 보고하기 위해 청와대에 날짜를 잡아달라고 여러 차례 요청했으나 좀처럼 회답이 내려오지 않았다고 한다. 청와대 보고가 끝나야 실무에 들어갈 수 있으니 애를 태우며 독촉 전화도 해봤지만 계속 기다리라고만 하기에 뭔가 이상하다 싶었는데 갑자기 유신이 선포되더라는 것이다. 그래서 방일 계획은 비밀리에 유신을 준비하면서 국내의 관심을 다른 곳으로 유도하기 위한 수단에 불과하지 않았을까 하는 생각이 들었다고 한다. 진상은 여전히 알 수가 없다.

대통령의 해외방문이나 외국 정상의 한국 방문 행사를 담당하는 부서가 외교부의 의전장실이다. 의전 업무의 총괄책임자를 의전장chief of protocol이라고 하기 때문에 의전장실이라고 부른다. 1980년대까지만 해도 대통령의 해외순방 행사는 1년에 한두 차례에 지나지 않았고 1970년대에는 해외방문이 거의 없었으니 의전장실의 업무도 어느 정도 여유로웠다. 그런데 요즘은 한 해에만 보통 10차례 가까이 해외순방 행사를 치러야 하니 조직과 인원을 늘렸다고는 해도 선배들이 일하던 시절과는 비교할 수 없을 정도로 업무 부담이 커졌을 것이다. 2009년에는 해외순방 행사가 무려 15차례였고 해외에 머문 기간은 모두 51일이나 되었다. 의전장실 직원들은 녹초가 되었겠지만 오늘날이 정상외교의 시대라는 것을 유감없이 보여준 셈이다.

19세기까지만 해도 정상회담은 아주 드물게 열렸을 뿐이고 오히려 기피되기까지 했다. 무엇보다 교통수단이 발달하지 않았기 때문이다. 조선이 최초로 미국에 파견한 상주 외교사절이었던 박정양 주미전권공사는 1887년 11월 12일 서울에서 배를 타 일본, 하와이를 거쳐 샌프란시스코에 도착한 후, 다시 열차로 대륙을 횡단하고 1888년 1월 9일 부임지인 워싱턴에 도착했다. 서울에서 워싱턴까지 부임하는 데 거의 2개월이나 걸렸다. 박정양은 1889년 8월 고종에게 귀국보고를 할 때까지 미국에 주재한 기간이 333일이고 길에서 보낸 날이 315일이라고 적었다. 19세기 말의 상황이 이 정도였으니 더 옛날로 거슬러 올라가면 한 나라의 정상이 다른 나라의 정상을 직접 만나는 일은 전쟁이 관련된 경우가 아니라면 생각하기 어려웠을 것이다.

정상회담이 어려웠던 데에는 안전의 보장이 쉽지 않았던 이유도 있었다. 1419년 프랑스의 샤를 7세는 부르고뉴 공과 루앙 지방의 어느 다리에서 회담을 가졌다. 다리 위 중간지점에 신변 보호용 목책까지 만들어 세워두었지만 부르고뉴 공은 목책을 넘어온 샤를 7세의 근위병들에게 도끼로 머리를 맞고 살해되었다.

1475년에는 프랑스를 침공한 영국 왕 에드워드 4세가 프랑스 왕 루이 11세와 피퀴니에서 평화조약을 체결했다. 루이 11세는 아버지인 샤를 7세가 부르고뉴 공을 무참히 살해한 사건을 기억하고 있어서 신변 안전에 유난히 신경을 썼다. 루이 11세는 회담 장소인 솜 강 근처의 다리 위에 동물 우리처럼 생긴 격자형 구조물을 설치하도록 했다. 팔뚝이 겨우 들어갈 정도의 작은 격자 구멍 사이로 손을 집어넣어 서로 포옹을 하고 나서야 두 왕은 '안전하게' 회의를 진행했다고 한다.

중세의 정상회담에서와 같은 노골적인 폭력사태는 이제 거의 찾아볼 수 없게 되었지만 그렇다고 완전히 자취를 감춘 것은 아니다. 내가 근무했던 예멘에서는 대통령이 상대국 특사를 만나 회담하는 자리에서 폭사한 사건이 있었다. 예멘이 아직 남북으로 분단되어 있던 1978년 6월 24일 아메드 빈 후세인 가슈미 북예멘 대통령이 집무실에서 살림 루바이 알리 남예멘 대통령의 특사와 만났다. 남예멘 특사가 자리에 앉아 서류가방을 여는 순간 가방 안 폭탄이 터져 특사와 대통령이 모두 그 자리에서 사망하고 말았다.

윈스턴 처칠은 "정상회담 때문에 사태가 더 악화될 수 있다는 말은 이해하기 어렵다"고 했는데 오늘날처럼 정상외교가 일상화된 시대에 딱 맞는 말이다. 한일 정상회담 횟수를 기준으로 보자면 이승만 대통령은 12년 동안 2회, 박정희 대통령은 18년 동안 2회에 불과했으나, 이명박 대통령의 임기 중에는 매년 4~6회까지 빈도가 늘었으니 정상외교의 일상화를 잘 보여주는 경우라고 할 수 있겠다.

그러나 15세기 프랑스의 정치가 필리프 드 코민은 "위대한 군주들이 서로 친구로 남기를 바란다면 만나지 않는 것이 좋다"고

했다. 최고지도자들이 마주 앉은 정상회담에서 좋은 결과를 만들어내지 못하면 그 부작용은 재앙 수준이 될 수 있으니 사전 준비가 충분하지 못한 상황에서는 섣불리 정상회담을 개최하지 않는 편이 낫다는 의미다. 어려운 문제일수록 정상들이 직접 만나서 흉금을 터놓고 이야기해야 한다지만 때로는 그것이 지나치게 순진한 생각일 수도 있다.

2011년 12월 18일 이명박 대통령과 노다 요시히코 일본 총리가 위안부 문제로 정면충돌했던 교토 정상회담이 좋은 실례다. "57분 회담 중 45분… MB, 위안부 작심 발언"이라는 언론 기사 제목만 보아도 알 수 있듯이 정상회담이라는 최고의 외교무대에서 양국 정상이 직설적으로 공방을 벌인 전대미문의 사태가 벌어졌다. 이 대통령은 정상회담 하루 전날의 만찬을 기회로 이용해 위안부 문제에 성의 있는 대응이 필요하다고 길게 이야기했다. 그럼에도 다음 날 정상회담에서 노다 총리가 전혀 기대에 못 미치는 반응을 보이자 분개했던 심정을 나중에 회고록에서 자세히 털어놓았다. 노다 총리도 2016년 한국 언론인들과의 면담 자리에서 교토 회담 이야기가 나오자 분을 삭이지 못하며 얼굴을 붉히더니 눈물까지 글썽거렸다고 한다. 양쪽 모두 마음속에 큰 응어리가 남은 것 같다.

일본의 무성의한 태도를 후련하게 맞받아쳤다고 생각할 수도 있겠지만, 과연 그것이 최선이었는지는 곰곰이 되짚어볼 필요가 있다. 일본을 압박하는 데 그 방법밖에 없었던 것은 아니었을 테니 말이다. 정상회담이 너무 흔해진 세상이라 한번쯤 얼굴 붉히고 헤어지는 게 뭐 그리 대수냐고 할지 모르지만, 그래도 국가의 최고지도자끼리 만나는 회담은 다르지 않을까.

그건
통역의
실수?

통역의
문제

　　　　　　　　5·16 군사정변으로 집권한 박정
희 국가재건최고회의 의장은 1961년 11월 미국 방문길에 일본을
비공식 방문해 11월 12일 이케다 하야토 총리와 면담했다. 이때
의 사진을 보면 소파 깊숙이 등을 기대고 앉은 박 의장과 이케다
총리 사이에 통역을 맡은 사람이 보인다. 서울대 법대 교수에서
한일회담 대표단의 일원으로 발탁된 정일영 박사다. 박 의장은
일제 강점기인 1917년에 태어나 일본 육사까지 졸업했으니 일본

어 실력이 원어민 수준이었을 텐데 굳이 통역을 배석시킨 것은 외교적 관례 때문이었다.

정상회담에서는 아무리 외국어가 유창해도 통역을 사용하는 것이 원칙이다. 통역이 있으면 일단 발언을 끝내고 통역이 진행되는 동안 다음에 할 말을 생각할 여유가 있다. 혹시 발언이 나중에 문제가 되더라도 '그것은 통역의 실수로 제대로 전달되지 않은 것'이라며 넘어갈 수 있는 여지도 생긴다. 우리 쪽 통역은 대통령의 발언을 상대국 언어로 통역한다. 상대국 대통령의 발언은 그쪽의 통역이 한국어로 통역한다. 이 방식을 순차통역이라고 하는데, 발언 내용이 정확하게 전달되는 반면 시간이 오래 걸리는 단점이 있다. 양국 정상이 30분간 회담했다고 하면 굉장히 많은 이야기를 나누었을 것 같지만, 양측의 통역 시간을 빼고 나면 한쪽에서 발언한 시간은 겨우 7~8분 정도밖에 되지 않는다.

실제로 통역을 사용해보면 금방 알게 되지만, 한마디 이야기해놓고 나서 통역이 끝나기를 기다렸다가 다시 말을 이어가는 것은 대화의 맥이 끊겨 상당히 답답하다. 그래서 표정이나 몸짓 등 발언자의 분위기가 잘 전달되면서 자연스러운 대화가 가능하도록 순차통역 대신 동시통역을 선호하는 경우도 있다.

미국은 1985년 11월 제네바에서 로널드 레이건 대통령과 소련의 미하일 고르바초프 서기장이 정상회담을 할 때 처음으로 정상회담에 동시통역 방식을 도입했다. 자연스러운 대화를 통해 인간적 신뢰를 쌓도록 하기 위해서였다. 그리 크지 않은 사각형 테이블에 양측 대표단이 동시통역 이어폰을 끼고 마주 앉은 모습을 사진에서 확인할 수 있다. 그런데 이때도 한쪽에서 6명씩 배석자가 참석하는 전체회의는 동시통역으로 진행했지만, 양국 정상의 단독회담은 여전히 통역 2명이 참석한 순차통역 방식을 사용했다. 자연스러운 대화 분위기를 살리는 데는 동시통역이 좋지만 정확도에서는 순차통역이 훨씬 낫기 때문이다.

정상회담을 할 때 중요하고 민감한 내용은 단독회담이나 소인수회담에서 이야기하고, 무난한 의제나 실무적으로 이미 합의된 것을 확인하는 데 불과한 내용은 확대회담에서 다룬다. 양국 정상이 애초 예정된 단독회담 시간을 크게 넘겼다는 보도가 자주 나오는 것은 단독회담에서 긴밀한 이야기를 나누었기 때문이다. 그렇게 되면 확대회담은 대개 시간을 줄여서 간략히 끝마치게 된다. 1985년 11월의 레이건-고르바초프 단독회담도 애초 15분으로 예정되었으나 결국 64분이나 걸렸다. 이처럼 그 중요성에서 큰 차이가 있기 때문에, 확대회담이라면 몰라도 단독회담까지 동시통역 방식으로 진행하는 것은 한계가 있는 듯싶다.

정상회담에서는 대통령의 말 한 마디 한 마디가 중요한 의미를 갖는다. 토씨 하나도 틀려서는 안 된다는 자세로 빼먹지 않고 통역해야 한다. 나는 서기관 시절에 대통령 통역을 담당했기 때문에 나중에 대통령 일본어 통역 후보자를 뽑는 자리에 면접관으로 들어간 일이 있었다. 실제로 통역을 시켜보니 한 가지 공통점을 발견했다. 후보자들이 모두 동시통역 전공자들이라 어학 능력은 아주 뛰어났지만 발언 내용을 조금씩 빼먹고 통역을 했다. 그래서 그런 문제점을 지적했더니 동시통역에서는 단어에 집착하지 말라고 배웠다는 대답이 돌아왔다. 속도가 중요한 동시통역에서 단어 하나하나에 집착하다보면 대화의 흐름을 쫓아갈 수 없기 때문인 것 같았다. 나중에 합격자에게 외교무대에서의 회담은 일반 회담과는 달라서 정확성이 생명이니 단어 하나도 빼먹어서는 안 된다고 여러 번 강조했던 기억이 난다.

통역은 어학 실력도 중요하지만 순간적인 기억력이 더 결정적이다. 한 마디도 빠뜨리지 않으려면 신경을 곤두세워 메모해야 하고, 메모에 미처 담지 못한 내용은 기억력에 의존해 발언 내용을 최대한 그대로 재현해야 한다.

통역할 때 사용하는 기억력은 컴퓨터의 램 메모리와 닮았다. 램 메모리는 데이터를 순간적으로 기억창고에 저장했다가 바로 불러내서 사용하지만, 일단 전원을 끄고 나면 기억된 정보가 저장되지 않고 날아가버린다. 이와 마찬가지로 통역을 하는 순간에는 온 신경을 집중해서 기억했다가 말을 옮기지만, 일단 통역이 끝나고 나면 기억했던 대부분의 내용이 사라져버리고 만다. 순간적으로 기억능력이 잠재되어 있던 최대치까지 올라갔다가 한순간에 다시 원래 수준으로 내려가는 것이다. 나도 통역을 마치고 나서 노트를 보면 스스로도 놀랄 때가 많았다. 키워드 위주로 듬성듬성 잘 알아보기도 힘들게 메모한 내용만 가지고 어떻게 발언 내용을 다 통역해냈을까 싶다. 나중에는 받아 적는 게 너무 힘들어서 차라리 속기를 배워볼까 하는 생각까지 했다.

대통령의 통역은 대부분 외교부 소속의 직업외교관들이 담당한다. 예전에는 대학교수나 외부 전문가에게 필요할 때마다 잠깐 부탁하는 경우도 있었다. 하지만 국가의 최고 기밀을 다루는 정상회담에서는 보안을 위해서도 역시 정부에서 일하는 전문 인력이 담당하는 것이 맞다. 지금은 국립외교원의 외교관후보자 과정을 통해 외교관을 충원하지만 2013년까지 실시됐던 외무고시에서는 영어가 필수이고 제2외국어를 선택해야 했다. 시험에 합격해서 외교부에 들어온 뒤에는 외국의 대학으로 해외연수를 가는데 이 기회에 본격적으로 어학 실력을 다듬는다. 그 후 외교부에서 일하면서 어학 실력이 특히 뛰어나면 통역요원으로 발탁되고, 그중에서도 뛰어난 사람에게는 대통령 통역의 기회가 주어진다.

영어의 경우, 지금은 외교부 내에서 실무급 직원을 발탁하지만 과거에는 달랐다. 노태우 대통령 때까지 영어 통역은 차관급인 청와대 의전수석비서관이 담당했다. 박정희 정부의 조상호(체육부 장관 역임), 최광수(외무부 장관 역임), 전두환 정부의 김병훈, 노태우 정부의 노창희(외무부 차관 역임) 의전수석이 대통령 통역을 맡았다. 김영삼 대통령 시절에는 박진 전 의원이 청와대 비서관으로 있으면서 영어 통역을 전담했다. 김대중 대통령 때는 국회의장 비서실에 근무하던 강경화 국제비서관이 외교통상부에 장관보좌관으로 특채되어 대통령의 통역을 담당했는데, 그로부터 20년 후인 2017년 6월에 한국 최초의 여성 외교부장관으로 취임해 화제가되었다. 학자(세종대학교 영문학과 교수)로서의 경력도 있는 강경화 장관은 외교통상부에 특채된 이후에도 탄탄한 실력을 발휘하여 주 UN대표부 공사와 국제기구국장을 거쳐 UN으로 진출했고, UN에서는 사무총장 인수위원장과 사무총장 정책특별보좌관(사무차장급)을 지냈다.

제2외국어의 경우에는 동시통역 자격을 갖춘 전문 인력을 통역요원으로 특채하는 방식이 1990년대부터 정착됐다. 통역요원으로 특채되더라도 정상회담이나 고위급 인사 면담 등 통역 업무가 매일 있는 것은 아니므로 평소에는 일상적인 외교 업무도 처리해야 한다. 이들 중에는 통역 이외의 업무에서도 능력을 인정받아 훌륭한 고위 외교관으로 활약하는 경우도 있다. 중국어 통역으로 특채된 이후에 요코하마 총영사와 칭다오 총영사를 지낸 이수존

씨가 대표적이다.

옛날에는 외무부 장관이 직접 통역을 한 경우도 있었다. 1974년 8월 15일 서울 장충동 국립극장에서 광복절 기념식이 열리던 중, 23세의 재일한국인 문세광이 권총으로 박정희 대통령 암살을 시도했다. 문세광은 일본인 여권을 가지고 입국했고 범행에 사용된 권총은 오사카의 파출소에서 도난당한 일본 경찰의 것이었다. 박 대통령은 8월 30일 우시로쿠 도라오 주한 일본대사를 청와대로 직접 불러 일본 정부의 책임을 지적하고 납득할 만한 조치를 취하라고 요구했다. 이날의 면담에서 김동조 외무부 장관이 직접 통역을 맡았다.

아무리 고위급 인사가 대통령 통역을 맡던 시절이라고는 하나, 한 나라의 외교수장인 장관이 직접 통역을 했다는 것은 지금은 상상도 할 수 없는 일이다. 재미있는 것은 미국 자료를 보면 일본어가 유창한 김 장관이라도 통역에는 익숙하지 않았던 때문인지, 우시로쿠 대사가 대통령의 요구사항을 제대로 이해하지 못했다고 되어 있다. 우시로쿠 대사와 면담 후에 이러한 이야기를 전해 들은 박 대통령이 김 장관에게 한국의 요구사항을 문서로 다시 정리해서 일본 쪽에 전달하라고 지시하는 해프닝도 있었다고 한다.

그 뒤로도 대통령의 일본어 통역은 외교부의 현직 국장급이나,

1990년대 중반까지만 해도 현직 과장(동북아1과장)이 담당했다. 그러다가 1997년에 내가 서기관으로 통역을 맡을 때부터 실무자급으로 내려왔다. 대부분의 선진국에서 과장 이상의 관리직이 통역을 맡는 법은 거의 없다. 외교부의 과장과 국장급 관리자는 외교 실무를 책임지고 처리하는 직위다. 평소에 상대국 외교관들과 수시로 얼굴을 맞대고 일하던 처지에 한쪽은 정상회담의 대표단으로 제대로 자리를 잡고 앉아 있는데 다른 한쪽은 통역을 하고 있다면 아무래도 좋은 모양새가 아니다. 그런 점에서 이제 실무자가 통역을 전담하는 형태가 정착된 것은 다행이라고 하겠다.

나는 1997년부터 1999년 초까지 김영삼 대통령과 김대중 대통령의 일본어 통역을 담당했다. 대학에서의 전공은 법학이었으니 정식으로 일본어를 전공한 것은 아니었고 외교부에 들어온 뒤에 해외연수를 가서 뒤늦게 일본어를 배웠다. 동시통역 전공자들처럼 전문적인 통역 훈련을 받지 않았는데도 독학으로 대통령 통역까지 했다는 데 조그만 자부심을 가지고 있다. 외교부 초년병 시절에는 언제 통역을 해보라는 지시가 떨어질지 모른다는 생각에 평소에 신문을 읽거나 TV를 보다가도 통역에서 써먹을 수 있는 표현이 나오면 그때마다 수첩에 메모하는 습관을 길렀다. 일본인과 대화를 나누거나 다른 사람이 통역하는 것을 볼 때도 마찬가지였다. 늘 통역에 대한 부담감을 느끼며 지냈는데 오히려 그 덕분에 일본어 실력도 늘었던 것 같다.

일제 강점기에 학교 교육을 받은 김영삼, 김대중 두 대통령은 나보다 훨씬 일본어를 잘하는 분들이었다. 그런 대통령들 앞에서 일본어로 통역을 한다는 것은 그야말로 공자 앞에서 문자 쓰는 격이었다. 부족하지만 한마디도 빼먹지 않고 통역하겠다고 애쓴 덕분이었는지 두 분 모두 현장에서 통역의 실수를 지적한 적이 한 번도 없었다.

1998년 10월 김대중 대통령이 일본을 국빈 방문했을 때의 일화가 기억에 남는다. 정상회담과 공식만찬을 비롯해 도쿄에서 예정된 행사를 성공적으로 마무리하고 나머지 행사를 위해서 오사카로 떠났다. 공항에서 오사카 시내로 들어가는 자동차 안에서 나는 대통령 내외분의 앞자리 조수석에 앉았다. 김 대통령은 내게 통역하느라 수고했다면서, 내용을 빠뜨리지 않고 잘했는데 일본어 어휘가 조금 부족한 것 같다고 덧붙였다. 자신은 감옥에 있을 때 일본 소설책을 많이 읽었다면서 어휘를 늘리려면 소설책을 읽는 게 도움이 된다고 조언해주었다. 내가 뒤늦게 배운 일본어 통역이 그분들이 보기에는 얼마나 허술했을지 지금 생각해봐도 얼굴이 화끈거린다.

"풍경이고 뭐고 뭘 봤는지 아무 기억도 없대이"

대통령의 해외순방

대통령이 한 번 해외순방을 하면 100명이 넘는 인원이 수행하고 수십억 원의 예산이 들어간다. 그런데 정작 얻어내는 성과가 무엇이냐고 인색한 평가를 받는 경우도 있기 때문에 정부에서는 전 부처를 동원해 성과사업을 발굴해내느라 애를 쓴다. 정상회담에서 어떤 합의가 이루어졌는지, 해묵은 현안이 얼마나 해결되었는지, 경제 분야는 어떤 구체적 결실이 있었는지 하는 외교적 성과가 평가 기준이다. 그 와중에 해외순방 행사를 준비하는 의전 실무자들 입장에서는 무엇보다 차량과 숙소가 제일 신경 쓰인다.

특별기가 공항에 착륙하면 대통령은 트랩을 내려와 방문국 정부에서 나온 고위급 인사들과 환영 인사를 나누고 나서 대기 차량에 탑승해 숙소로 떠난다. 외국의 국빈이 탑승한 차량 행렬을 모터케이드motorcade라고 하는데, VIP 차량 이외에 경찰 사이드카, 의전 선도차, 경호차, 고위 수행원 차량 등 10여 대의 승용차와 필수 수행원용 미니버스 2~3대로 구성된다. 대부분의 실무 수행원들은 대통령이 떠난 다음에 대형버스를 타고 단체로 숙소로 이동하므로 시간 여유가 있다.

그러나 대통령의 모터케이드에 포함되어 함께 이동하는 수행원들은 첫 번째 행사인 공항 도착부터 바짝 긴장해야 한다. 불과 5분 남짓한 짧은 행사 시간 동안에 재빨리 특별기의 후문 트랩으로 내린 뒤 길게 늘어선 차량들 속에서 지정된 차를 찾아 신속하게 타야 한다. 일단 대통령이 타고 나면 모터케이드는 지체 없이 출발하기 때문에 탑승 위치를 못 찾고 헤매다가는 차를 놓치기 십상이다.

100미터도 넘는 길이의 모터케이드가 경찰 사이드카의 호위 속에 태극기를 휘날리며 교통이 통제된 거리를 논스톱으로 질주한다. 수행원 신분으로 그 속에 끼어 차창 밖으로 손을 흔드는 시민들을 바라보고 있노라면 왠지 뿌듯해져서 마치 VIP가 된 듯한 착각에 빠지기도 한다.

대통령은 방문 기간 중 숙소 건물에서 열리는 행사를 제외한 모든 행사에 모터케이드로 이동한다. 행사마다 참석하는 수행 인원이 다르므로 그에 맞추어 모터케이드 탑승 계획도 다르게 짜야 한다. 정확한 인원을 정확한 시간에 이동시켜야만 행사가 제대로 진행되기 때문에 순방 행사에는 차량이 중요하다고 하는 것이다.

대통령의 해외순방 기간에는 대통령의 숙소가 곧 청와대의 역할을 한다. 방문국에서 영빈관을 제공하면 그곳에서 숙박한다. 미국은 백악관 맞은편의 블레어하우스가 국빈 전용 영빈관이다. 중국은 베이징의 조어대(댜오위타이)를 외국 정상의 숙박시설로 제공한다. 일본은 1909년 도쿄에 바로크 양식으로 건축한 화려한 석조 건물을 영빈관으로 사용한다. 2005년에는 교토에 일본 전통 건축양식의 영빈관을 추가로 개관했다. 영빈관의 건물이나 실내 장식, 각종 전시품과 제공되는 서비스를 보면 그 나라의 국력 수준과 문화의 깊이를 느낄 수 있다. 우리나라의 경우 청와대에 영빈관이라는 이름의 시설이 있지만, 그곳은 대규모 연회나 회의를 위한 공간이다. 외교용 시설로서의 영빈관은 존재하지 않는 셈이다. 한국의 국제적 위상에 비추어 볼 때 이제는 영빈관 건설을 검토해볼 때가 되지 않았나 싶다.

대통령이 영빈관에서 묵는 것은 방문국으로부터 의전상 최고의 예우를 받는다는 의미다. 그러나 수행원들의 입장은 다르다. 영빈관은 품격이 있는 대신 국가가 운영하는 탓에 아무래도 일반 호텔보다는 지내기가 불편하다. 경비가 엄중하다보니 마음대로 바깥출입도 어렵다. 숙소 내에 레스토랑이 있는 것도 아니어서 가볍게 칵테일 한잔할 곳도 마땅치 않다. 룸서비스를 이용하기도 불편하다. 그래서 수행원들은 영빈관이 아닌 일반 호텔에 숙소를 배정받는 게 더 편하다. 영빈관은 수용할 수 있는 인원이 많지 않아서 대통령과 공식 수행원 이외에는 근접경호원이나 부속실 근무자 등 필수요원들로 수용 인원이 제한된다. 나머지 대표단은 가까운 호텔에 묵으면서 필요할 때마다 차량을 타고 영빈관을 출입한다.

나는 1996년부터 2년간 청와대 의전비서실에 근무하면서 김영삼 대통령의 해외순방 행사를 6차례 수행했다. 이때 15개국을 방문하면서 현지의 최고급 호텔에서 묵었지만 지금 되돌아보면 특별히 기억에 남는 곳이 별로 없다. 유일하게 브라질의 수도 브라질리아에서 머물렀던 호텔이 협소하고 불편했던 기억이 난다. 수행원들이 맡긴 세탁물이 잘못 배달되는 경우가 다반사였는데 일일이 호텔 쪽에 이야기를 해도 제대로 처리되지 않았다. 결국 모두들 잘못 배달된 세탁물을 문밖 손잡이에 걸어놓고 복도를 돌아다니며, 다른 객실 손잡이에 자기 세탁물이 걸려 있지 않은지 찾으러 다니는 사태가 벌어졌다. 브라질리아가 내륙에 건설한 행정수도라 상업적 경쟁이 없어서 호텔도 별로 없고 서비스 수준도 낮은 탓이라고 했다.

반면 어느 나라든 영빈관은 기품과 전통을 살려 웅장하게 짓기 때문에 아무리 고급 호텔이라도 일반 호텔과는 다른 각별한 감회를 갖게 한다. 영빈관에 머물렀던 기억은 지금도 뚜렷하게 남아 있다. 인도에서 묵었던 영빈관 하이데라바드 하우스는 붉은 빛깔을 띤 돌로 외벽을 장식한 웅장한 건물이었다. 큰 키에 전통복장을 한 근무자들이 음식도 서빙하고 잡다한 심부름도 해주었다. 대리석으로 치장된 건물 내부에는 크고 작은 그림들이 많이 걸려 있었다. 그중 식민지 시절에 영국 고관들이 인도 사람들의 시중을 받으며 야외에서 피크닉을 즐기는 모습을 담은 그림이 눈에 띄었다. 인도인은 자존심이 강하다고 들었는데 외빈이 투숙하는 국가시설에 그런 그림을 걸어놓는 것이 어떻게 가능할까 놀랍고 의아했다.

정상외교가 일상화된 요즈음엔 굳이 숙박을 하지 않는 당일치기 해외방문도 등장했다. 한국에서는 1992년 11월 8일 노태우 대통령이 당일 일정으로 교토를 방문해 미야자와 기이치 일본 총리와 회담하고 돌아온 것이 처음이다. 그 후에는 2008년 12월 후

쿠오카에서 열린 한중일 정상회담과 2009년 6월 일본 실무방문 때 이명박 대통령이 당일치기 일정을 소화했다. 이때는 따로 호텔을 예약하지 않고 대표단의 규모를 최대한 줄여 현지의 대사관이나 총영사관에 잠시 머물면서 업무를 처리했다. 대통령과 고위 수행원들은 대사관저나 총영사관저를 대기하는 공간으로 사용했다.

대통령 해외순방을 수행하는 인원은 공식 수행원과 비공식 수행원, 경호요원 등을 합쳐 100명이 넘는다. 이들은 대부분 대통령 특별기로 함께 이동하므로 대통령 경호처에서 화물 검색을 제대로 하려면 상당한 시간이 걸린다. 그래서 특별기에 탑승하는 수행원들은 개인 수화물을 출발 하루 전에 지정된 장소에 가져가고, 경호처는 수하물을 일일이 열어서 꼼꼼히 검색한 뒤에 출발 당일 특별기에 적재한다.

첫 번째 방문국에서 행사가 모두 끝나고 다음 방문지로 떠날 때도 마찬가지다. 모든 수행원은 출발 전날 저녁에 짐을 호텔 내의 지정된 장소로 가져다두어야 한다. 여기서도 경호요원들이 밤샘 작업을 하며 화물을 검색해서 특별기로 일괄 운송한다. 짐을 미리 내놓고 하룻밤을 더 지내야 하다보니 다음 날 아침에 갈아입은 속옷이며 세면도구 같은 것을 서류가방에 넣고 다녀야 하는 불편함이 생기기도 한다.

나의 청와대 근무 경험으로 볼 때 대통령의 해외순방 기간에는 국내에서보다 대통령을 가까이 접할 기회가 많아진다. 국내에서는 대통령이 청와대에서 이중 삼중의 삼엄한 경호를 받으며 집무를 한다. 장관들도 대통령에게 보고를 하려면 청와대의 담당 비서실을 통해 미리 일정을 잡아야 한다. 재임 기간 중에 대통령에게 단독보고를 한 번도 하지 못하고 물러나는 장관들도 많았다. 심지어 청와대에 근무하는 수석비서관들조차도 직접 대면보고를 하는 기회는 많지 않을 정도였다. 대통령 집무실과 비서실의 위치가 떨어져 있는데다 짧은 거리라도 자동차를 타고 두세 곳의 경호 초소를 거쳐야 하기 때문이다.

그런데 해외순방 때는 대표단에 포함된 장관들이나 수석비서관들이 길게는 일주일 이상을 대통령과 동행하며 같은 호텔에 묵는다. 행사 때마다 대통령과 함께 참석하는 것은 물론이고 필요하면 막간을 이용하여 대통령 숙소의 거실 같은 곳에서 짬짬이 보고를 할 수도 있다. 공식 일정이 없는 조찬이나 오찬, 만찬에 대통령과 식사하며 긴 이야기를 나눌 수도 있다. 한미 FTA를 추진하기로 한 결정도 그렇게 이루어졌다. 2005년 9월 노무현 대통령이 멕시코를 방문하고 있을 때였다. 현지에서 갑자기 김현종 통상교섭본부장이 윤태영 부속실장에게 한미 FTA 문제 보고를 위한 대통령 면담을 신청했다. 김현종 본부장의 회고록 《김현종, 한미 FTA를 말하다》에 따르면, 대통령이 묵고 있던 호텔 스위트룸에서 노 대통령과 김 본부장, 김영주 정책수석비서관, 윤태영 부속실장이 참석하는 소규모 회의가 즉시 소집되었다. 한미 FTA의 경제적 효과와 전략적 필요성을 보고받은 노 대통령은 그 자리에서 추진을 결심했다. 회의가 끝난 후에는 노 대통령이 김 본부장과 김영주 수석, 정우성 외교보좌관을 불러 예정에 없던 식사까지 함께 하면서 한미 FTA 추진에 관해 더 깊은 이야기를 나눴다. 만일 서울에서였다면 대통령의 바쁜 일정은 물론, 대통령 보고 일정을 잡기 위한 복잡한 절차 때문에 이처럼 순발력 있는 의사결정은 어려웠을 것이다.

누가 뭐래도 해외순방의 최고 수혜자는 역시 외교부 장관이다. 외교부 장관은 국내에서도 각종 외교행사 때문에 다른 장관들에 비해 대통령을 직접 만나거나 보고할 기회가 많은 편이다. 그런데 해외순방 기간에는 대통령의 시간이 모두 외교에 집중되므로 외교부 장관이 대통령과 이야기를 나눌 기회가 몇 배나 더 늘어난다. 직장생활에서도 상사와 함께 해외출장을 다녀보면 국내에 있을 때보다 훨씬 가까워지는 법인데, 대통령과 함께 해외순방을 하는 경우에는 더 말할 나위가 없을 것이다.

대통령의 입장에서 해외순방은 어떤 것일까? 외국을 방문해서 최고의 예우를 받으며 화려한 행사에 참석해보면 한 나라를 대표하는 최고지도자가 되었다는 사실을 새삼 느끼게 될 것이다. 국내의 골치 아픈 대소사로부터 조금이나마 벗어나 머리를 식힐 수 있는 기회이기도 하다. 그러나 2~3일마다 방문지를 옮기고, 많을 때는 하루에 10개 가까운 행사를 치러내야 하므로 상당한 격무임에 틀림없다. 몸은 해외에 있더라도 국내 상황에 대한 긴장을 늦출 수도 없다.

김영삼 대통령이 퇴임 후 몇 년이 지나서 가족과 함께 샌프란시스코를 방문한 적이 있다. 그때 나는 그곳의 총영사관에 근무하고 있었다. 전직 대통령의 해외방문에 대해서는 현지 대사관이나 총영사관이 예우 지침에 따라 지원하게 되어 있다. 예전에 의전비서실에서 근무한 인연도 있고 함께 온 비서실, 경호실 직원들과도 낯익은 사이였기 때문에 총영사관에서는 내가 김영삼 전 대통령을 수행하게 되었다.

수행원들과의 편안한 식사 자리에서 누군가가 대통령 재임 중에 해외순방도 많았고 좋은 곳에도 많이 가보셨을 텐데 어디가 제일 기억에 남느냐고 질문을 했다. 김 전 대통령은 비행기로 현지에 도착하면 정해진 대로 차 타고 가서 회담하고 연설하고 다시 호텔로 차 타고 돌아오는 쳇바퀴 같은 일정인데, 어디 가서 뭘 봤는지 그 나라 풍경은 어땠는지 그런 것들은 전혀 기억이 없다고 털어놓았다. 정상회담에서 어떻게 대응할지, 연설 때 어떻게 분위기를 잡을지, 다음 일정은 무엇이 핵심인지 이런 것들을 생

각해야 했으니 모터케이드로 이동하면서 창밖으로 보이는 풍경
조차 눈에 들어오지 않았으리라. 역시 대통령으로서 정상외교가
주는 부담감을 안고 해외순방을 하는 것은 개인적인 해외여행과
는 전혀 다른 세계였다.

정상회담도
식후경

외교행사와
요리

　　　　　　아스파라거스 수프에 이어 생선
구이, 비둘기 요리, 거위간 요리, 송로버섯을 곁들인 안심 요리에
양다리구이까지 다섯 가지 요리가 나오고, 마무리로 치즈와 디저
트 모둠, 커피와 코냑이 제공된다. 어느 유명한 프랑스 식당의 코
스 메뉴처럼 보이지만, 사실은 구한말인 1905년 9월 19일 고종
이 주최한 궁중만찬의 메뉴다. 지금부터 100년도 전에 이렇게 본
격적인 서양 요리를 외교행사에 내놓았다니 선뜻 믿어지지 않을

정도다.

고종의 황실 의전관으로 초빙됐던 독일 여성 에마 크뢰벨이 남긴 기록을 보면, 조선의 궁중관리들은 상당수가 영어 이외에도 프랑스어나 독일어까지 구사할 수 있었다고 한다. 외교행사에는 마치 유럽의 궁정에 초대받은 느낌이 들 정도로 본격적인 프랑스 요리가 나왔는데, 송로버섯 파이와 굴, 캐비아는 흔한 요리에 속할 정도이고 샴페인은 오히려 본고장에서보다 더 풍족하게 제공되었다고 한다. 19세기 말 외국에 문호를 개방하고 근대화를 추진하던 시절이었기 때문에 조선 사회의 모든 분야에서 서양 문물을 받아들이는 데 적극적이었다지만, 이 정도 수준이리라고는 생각하지 못했다.

서양에 비해 낙후된 사회를 하루빨리 발전시켜 선진국에 못지않은 근대 국가로 거듭나야 한다는 강박관념은 당시 한중일 동양 3국에 공통된 현상이었다. 세 나라 가운데 가장 빨리 근대화에 성공한 것은 일본이었지만 그 과정에서 무리한 일도 많았다. 1868년의 메이지유신은 한편으로는 일본의 근대화를 알리는 신호탄이었지만, 다른 한편으로는 일본 고유의 문물을 미련 없이 버리는 것을 의미했다. 메이지 정부는 1883년 도쿄의 히비야에 외빈 접대를 위한 유럽식 사교시설인 로쿠메이칸鹿鳴館을 건립했다. 프랑스 르네상스식의 2층 석조 건물이었는데, 여기서는 연일 유럽식 연회와 무도회가 열렸고, 일본의 고위층은 남녀를 불문하고 서양식 문물을 익히고 즐기기에 바빴다. 근대화 과정에서 일본 고유의 문화가 뒷전으로 밀려나는 데 불만을 가진 민족주의자들이 로쿠메이칸을 퇴폐 문화의 소굴이라고 손가락질할 정도였다. 일본의 근대화를 위해서는 아시아와 손을 끊고 서구 국가들과 함께 가야 한다는 소위 '탈아입구脱亜入欧'론이 등장한 시점이 로쿠메이칸이 생긴 지 2년 후인 1885년이었다는 사실은 결코 우연이 아니었다.

　일본에는 아직도 유럽식 외교의 전통을 중시하는 흔적이 남아 있는 것 같다. 한국은 해외공관에 나가서 일하는 요리사가 거의 예외 없이 한식 전문가이고 한국대사관저에서 나오는 메뉴는 당연히 한식이다. 그러나 일본은 해외공관에 일식 요리사가 아닌 프랑스 요리사가 나가 있는 경우가 많고, 대사관저의 요리도 반드시 일식만 나오지는 않는다. 한국어로도 번역돼 잘 알려진 일본 만화 《대사각하의 요리사》에 나오는 주인공은 특급 호텔에서 프랑스 음식 요리사로 있다가 주베트남 일본대사관저 요리사가 된다. 실제로 내가 도쿄에서 근무할 때 자주 이용하던 작은 프랑스 레스토랑 '시프레'의 오너 셰프는 런던의 일본대사관저에서 근무했는데, 런던에 가기 전에는 긴자에 있는 호텔에서 프랑스 음식 요리사로 있었다. 그 밖에도 일본 외무성 친구들의 소개로 해외의 일본대사관저에서 일했던 요리사들이 개업한 레스토랑 몇 군데에 가본 적이 있는데, 프랑스나 이탈리아 레스토랑이 대부분이었고 일식당은 한 군데도 없었다.

나중에 대통령의 일본 방문 행사를 준비하면서 일본 측이 미리 보내준 일왕 주최 국빈만찬의 메뉴를 보고 놀랐던 기억이 있다. 당연히 일본식일 것이라고 생각했는데 양식 메뉴였기 때문이다. 턱시도 차림에 서양식으로 진행하는 국빈만찬은 양식을 내고, 총리가 주최하는 별도의 만찬은 일식을 내는 식으로 구분하는 것 같았다. 손님 입장에서도 일본에 머물면서 두 번 다 일식 메뉴로 대접받기보다는 일식과 양식으로 다양하게 대접받는 편이 나을 수도 있다. 그렇다면 격이 높은 국빈만찬을 전통 일식으로 하고 총리 주최 만찬을 양식으로 하는 방법도 있을 텐데, 굳이 국빈만찬을 양식으로 하는 것은 역시 유럽식 외교의 분위기를 고수하려는 의도라고 느껴졌다.

국빈만찬의 메인 요리는 쇠고기 스테이크나 생선 요리일 것으로 예상했는데 양고기 또는 메추리 요리 중에서 선택하는 것도 의외였다. 종교와 음식 문화가 다양한 외국의 정상을 대접할 때는 상대방이 종교적 혹은 개인적인 이유에서 기피하는 음식이 포함되지 않도록 조심해야 한다. 아마 쇠고기나 돼지고기, 닭고기는 기피음식에 해당될 가능성이 많지만 양고기와 메추리는 의외로 무난해서 국빈만찬의 단골 메뉴로 정착되었을 것이다.

중국의 후진타오 국가주석이 일본을 방문했을 때의 국빈만찬 메뉴를 검색해보니 제비집 콩소메 수프, 농어 샴페인 찜(바닷가재와 사프란 라이스를 곁들임), 양다리 구이(감자튀김과 크레송, 더운 야채를 곁들임), 샐러드, 디저트로 구성된 프랑스식 메뉴였다. 일본의 색채가 가미된 것은 디저트로 나온 아이스크림이 후지 산을 본뜬 형태였다는 정도다. 일식이 아니라 프랑스식이라서 의외였다는 댓글이 달린 것을 보니 일본인들도 자기 나라의 국빈만찬이 양식 메뉴라는 사실이 뜻밖이었던 모양이다.

요즈음의 외교행사에서는 무조건 양식 메뉴를 선호하기보다는 자국의 음식 문화를 대표하는 전통 요리를 내놓는 경우가 많다. 경제력이나 군사력보다 문화적 매력을 중시하는 소프트 파워의 시대인 만큼 음식도 훌륭한 외교 자산이 될 수 있다. 과거 청와대에서 열린 국빈만찬 메뉴를 보면 쇠고기와 야채를 넣은 밀쌈말이와 수삼냉채, 단호박죽, 신선로, 갈비찜, 영양밥과 석류탕(석류 모양으로 빚은 만둣국)에 과일과 한과 디저트가 나오고, 기본반찬으로 김치, 삼색나물, 두부조림, 다시마튀각을 곁들였다.

해외의 한국대사관저에서 열리는 만찬도 보통 호박죽이나 잣죽으로 시작해 모둠전, 새우찜, 갈비구이와 같은 요리에 때로 신선로나 구절판이 추가되는 한식 코스요리다. 대사들의 개성에 따라 특색 있는 메뉴를 내놓기도 하는데 아주 기억에 남는 만찬이 한 번 있었다. 유럽에 있는 어느 한국대사관저의 만찬이었는데 차례차례 나오는 음식의 색깔과 모양이 마치 공예품처럼 예뻤다. 한 가지 요리가 한 입 또는 두 입을 먹으면 그만일 정도로 양도 적었다. 조금 더 먹었으면 하는 아쉬움이 남는 듯했지만 대신 음식의 가짓수는 다른 곳보다 많은 편이었다. 음식에도 한계효용 체감의 법칙이 있어서 처음 한두 입을 먹었을 때가 가장 맛있고 그다음부터는 맛있다는 느낌이 줄어든다고 하는데, 이렇게 음식의 양을 줄이면서 종류를 늘리는 방식은 아주 효과적이라고 할수 있다. 게다가 요리의 종류가 다양한 만큼 한국 음식의 다양함을 손님들에게 더 보여줄 수 있으니 일석이조라고 하겠다. 만드는 사람은 힘들었겠지만 공들인 만큼 나에게 이렇게 깊은 인상을 남겼으니 말이다.

정상외교에서 사용된 음식이 유명세를 타는 경우도 종종 있다. 1996년 6월 제주도를 방문한 하시모토 류타로 일본 총리는 김영삼 대통령에게 깍듯이 예의를 갖췄다. 악수하거나 건배할 때는 두 손으로 정중하게 했다. 한국 방문 직전에 누군가 한국식 예법을 입력시켜준 것 같았다. 항상 왼손으로 오른손의 팔뚝이 아니라 팔꿈치 부분을 받치는 모양이어서 보기에는 상당히 어색했지만 그러한 노력 덕분에 두 정상은 만찬 자리에서 술도 많이 마시면서 친밀한 분위기를 만들 수 있었다. 그날 만찬주로 나온 제주도 특산 허벅술이 언론 보도를 통해 알려지면서 허벅술은 '하시모토 술'이라는 별명까지 얻었다. 이렇게 이름이 난 덕분에 허벅술은 그 후에도 남북 장관급회담이나 2009년 한-아세안 특별정상회의에서 공식만찬의 건배주로 사용되었다.

20세기 초반까지 세계를 풍미하던 유럽식 궁정외교가 점차 막을 내리면서 현대 외교는 격식을 점점 줄여나가 간소한 형태가 되어가고 있다. 프랑스 요리가 기본이던 시대가 가고 각국 고유의 음식이 그 자리를 차지하더니, 최근에는 시내의 일반 식당에서 양국 정상이 캐주얼한 분위기로 식사하면서 친밀함을 과시하는 경우도 생기고 있다. 2002년 2월 고이즈미 준이치로 일본 총리가 조지 부시 미국 대통령을 공식만찬과는 별도로 도쿄 시내의 이자카야식 레스토랑으로 초청해 저녁식사를 함께 했다. 당시 도쿄에 근무하던 나는 TV를 통해 두 정상이 노타이 차림으로 2층 복도 난간에서 아래층 홀에 있는 손님들을 향해 손을 흔드는 모습을 보고는 그 레스토랑이 어디인지 궁금해졌다.

다음 날 출근해서 그곳이 니시아자부에 있는 '곤파치'라는 것을 알아내고는 예약하려고 바로 전화를 했다. 그런데 아무리 전화를 걸어도 계속 통화 중이었다. 나중에는 그 레스토랑을 운영하는 사무소 번호를 찾아서 겨우 통화할 수 있었다. 사무소 측에서는 예약전화가 쇄도해 자기들도 업무 관련 연락이 닿지 않아 낭패를 보고 있다면서 이해를 구했다. 결국 몇 달이 지나서 사람들의 관심이 조금 잦아든 다음에야 그곳에서 식사를 해볼 수 있었다. 자기 나라 총리가 미국 대통령을 초대했던 곳이라는 사실이 엄청난 광고효과를 발휘해 흔히 말하는 대박이 났던 것이다. 그 후 2003년에 개봉된 영화 〈킬 빌〉의 후반부에 나오는 결투 장면이 곤파치의 내부를 그대로 본떠서 만든 세트에서 촬영되었다는 사실이 알려지면서 또 한 번 화제가 되기도 했다.

2014년 4월에는 도쿄 긴자의 유명한 스시집 '스키야바시 지로'에서 아베 신조 일본 총리와 버락 오바마 미국 대통령이 함께 저녁을 해서 세간의 관심을 모았다. 아베와 오바마가 넥타이를 풀고 스시 카운터에 나란히 앉아서 담소하는 사진만으로도 미일관계의 긴밀함을 홍보하는 효과를 충분히 거두었다고 할 수 있다. 번화가의 빌딩 지하 1층에 자리한 스키야바시 지로는 카운터 자리 10개가 전부인 작은 레스토랑이지만 미슐랭 가이드에서 별 3개를 받은 정도로 정평이 난 곳이다. 그런데 만찬 직후 일부 일본 언론에 오바마가 20개 정도 나온 스시를 절반이나 남겼다는 이야기가 보도되면서 여러 가지 억측을 불러일으켰다. 이후 이 스시집의 주인으로 당시 89세이던 스시 명인 오노 지로가 외국특파원협회 초청 강연에 나와서 오바마 대통령이 스시를 남기지 않

2014년 4월 23일 일본 도쿄의 스시집 '스키야바시 지로'에서 아베 신조 총리와 버락 오바마 미국 대통령이 함께 저녁을 먹었다. (©연합뉴스)

고 다 맛있게 먹었다고 해명하는 일까지 있었다.

일본의 '스시 외교'의 원조는 20여 년 전으로 거슬러 올라간다. 1993년 7월 미야자와 기이치 총리는 방일 중이던 빌 클린턴 미국 대통령을 스시 레스토랑으로 초대해서 비공식 만찬을 했다. 당시만 해도 미국과 일본의 정상이 일반 식당에서 스시를 함께 먹었다는 뉴스는 격식 파괴 외교의 하나로 주목받았다. 하지만 그때의 사진을 보면 두 사람 모두 넥타이를 맨 정장 차림이었고 식사 장소도 특급 호텔 내부의 스시 레스토랑이었기 때문에 격식에서 완전히 벗어났다고 할 수는 없다. 시간이 지나면서 정상들의 만찬에서 넥타이가 사라지고 장소도 보통사람들이 이용하는 대중 식당으로 바뀌어가고 있다. 외교도 보통사람들의 시대에 맞추어 변해가는 중이다.

3

외교의
속살

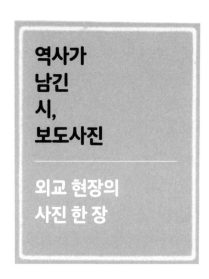

역사가 남긴 시, 보도사진

외교 현장의 사진 한 장

나는 사진 보는 걸 좋아한다. 내가 정신없이 빨려드는 사진은 풍경사진이나 인물사진이 아니라 보도사진이다. 역사의 한순간이 한 컷의 이미지에 응축된 그 강렬함이 좋다. 초등학교 시절 집에 있던《보도사진연감》이나《사진으로 보는 광복 30년》같은 사진책을 취미처럼 보고 또 봤다. 어떤 음식을 처음 맛보았을 때의 느낌이 오래도록 잊히지 않는 것처럼 그때 본 사진들은 지금도 기억에 또렷이 각인되어 있다.

1960년 3·15 부정선거 규탄 시위 진압 과정에서 경찰이 쏜 최루탄이 고등학생 김주열의 눈에 박혔다. 마산 앞바다에 떠오른 그의 시신 사진이 아마도 어린 시절에 처음으로 깊은 인상을 받은 사진이었던 것 같다. 1963년 11월 존 F. 케네디 미국 대통령 암살 용의자로 검거된 리 하비 오스월드가 호송 경찰에 둘러싸여 카메라의 플래시 세례를 받으며 걸어가던 중에 권총에 맞고 피살되는 순간의 사진도 마찬가지다.

어렵고 두꺼운 역사책을 안고 씨름하는 것보다 역사소설을 읽거나 영화를 보는 편이 훨씬 의미 파악이 잘될 때가 많다. 마치 그 시대를 직접 살아본 것처럼 생생한 감각을 느껴볼 수 있다. 그런데 때로는 보도사진 한 장이 소설이나 영화보다 더 강한 느낌을 안겨주기도 한다. 직관적인 강렬함에서도 사진이 영화를 능가하는 것 같다. 말하자면 소설을 읽는 것과 시를 읽는 것의 차이라고나 할까.

그런 점에서는 영화 〈공동경비구역 JSA〉의 마지막 장면은 압권이었다. 영화에 등장했던 남북한 군인 4명을 모두 한 컷에 담아냈다. 원작소설을 쓴 작가도 글로써는 도저히 표현할 수 없는 '빛나는 엔딩 스틸'이었다고 찬사를 보냈다. 영화감독 쿠엔틴 타란티노도 자기가 20년간 본 영화 중에 가장 멋진 마지막 장면이었다고 높은 점수를 주었다고 한다.

외교 현장에서도 사진이 큰 몫을 할 때가 있다. 2012년 8월 10일 이명박 대통령이 독도를 전격 방문했다. 지금도 많은 사람들이 한일관계가 급전직하로 악화된 시발점이 바로 이 사건이었다고 말할 정도로 커다란 외교적 충격을 가져다주었다. 일본 정부로서는 뜻밖에 허를 찔린 셈이었고, 일본 국내는 강경한 대응을 주문하는 여론으로 들끓었다.

그리하여 일본은 1954년과 1962년에 이어 50년 만에 다시 국제사법재판소(ICJ) 제소라는 카드를 빼들었다. 일본이 제소하더라도 한국이 수락하지 않으면 재판이 성립하지 않기 때문에 실효성은 없지만, 국제사법재판소 제소는 독도 문제에 대해서 일본이 사용할 수 있는 가장 큰 카드 가운데 하나임에는 틀림없다.

일본은 8월 17일 정식으로 한국에 독도 문제를 국제사법재판소에 공동으로 회부하자고 제의하면서, 이 대통령의 독도 방문에 항의하는 노다 요시히코 총리의 공식서한을 주일 한국대사관에 전달했다. 그러자 이번에는 한국의 국내 여론이 일본의 도발을 규탄하며 달아올랐다.

한국 정부는 일본의 국제사법재판소 공동 회부 제안을 일고의 가치도 없다고 일축해버렸지만, 국내 여론은 일본으로부터 받은 노다 총리 서한을 되돌려보내는 단호한 조처를 취해야 한다는 방향으로 흘러갔다. 정식으로 전달된 외교서한을 반송하는 것이 바람직한지를 두고 논란이 있었지만 고민 끝에 한국 정부는 서한을 반송하기로 결정했다.

8월 23일 외교부 본부로부터 반송 지시를 받은 주일 한국대사관의 참사관이 서한을 가지고 도쿄 도심의 관청거리인 가스미가세키로 향했다. 외무성 건물 앞에 도착해 정문으로 들어서려는데 갑자기 경비원이 출입을 제지했다. 평소에는 외교관 번호를 단 차량이면 아무런 문제 없이 출입하던 곳이었다. 언론 보도를 통해 한국이 서한을 반송하기로 했다는 사실을 이미 파악한 일본 외무성이 이를 원천봉쇄하기 위해서 한국 외교관을 출입시키지 말도록 미리 지시해두었던 것이다.

그런데 이 광경이 고스란히 사진으로 찍혀서 다음 날 대대적으로 보도되었다. 외무성 정문에서 외교관 신분증을 내보이는 한국 외교관을 일본 경비원이 막고 있는 사진이 커다랗게 신문 지면을 장식했다. 이 사진 한 장이 양국 정부의 희비를 갈랐다. 일단 접수한 외교서한을 반송하는 것은 외교적으로 상당히 비우호적인 일이어서 한국 정부로서도 어느 정도 부담을 느끼지 않을 수 없었다. 그렇지만 한 나라의 외무성이 자기 나라에 주재하는 외교관의 출입을 막는 것은 그보다 더욱 이례적이고 비우호적인 일이었다. 게다가 사진이 주는 시각적 효과 때문에 누가 보더라도 일본 외무성이 너무 심했다는 인상을 받기 쉬웠다. 그 덕분에 한국

2012년 8월 23일 일본 노다 요시히코 총리의 서한을 되돌려주기 위해 외무성에 들어가려던 주일 한국대사관 참사관이 경비원의 제지를 받고 있다. 외교관 신분증을 보여줬는데도 안으로 들어가지 못했다. (ⓒ연합뉴스)

정부의 부담이 많이 줄어든 셈이었다. 지금 그때의 신문 기사들을 다시 들추어보니 새삼스레 당시에는 양측이 모두 지나치게 감정적으로 흘렀었구나 하는 생각이 든다.

보도사진을 즐겨 보는 취미 때문에 해외에서 근무할 때도 짬이 나면 책방을 돌면서 사진책을 찾아보는 일이 잦았다. 일본은 책 좋아하는 사람에게는 천국이나 마찬가지다. 도쿄에는 진보초라는 유명한 책방거리가 있는데 한국의 교보문고나 영풍문고 같은 대형서점인 산세이도를 비롯해 크고 작은 서점들이 몰려 있다. 한국에선 점점 찾아보기 힘든 헌책방도 180여 개나 된다. 헌책방 밀집지로는 세계 최대 규모라고 한다. 1960년 이래 매년 가을에 열리는 진보초의 헌책방 축제 때는 100만 권 정도의 헌책이 특별 할인가격으로 쏟아져 나온다.

진보초에 가면 제일 부러운 것이 중국 관련 서적만 전문적으로 취급하는 서점이다. 대표적인 것이 도호서점과 우치야마서점이다. 중국 관련 서적만 가지고도 번듯한 책방이 운영될 수 있을 정도로 일본에서는 중국에 관한 출판물이 많이 나오고 있다는 이야기다. 세계 어느 나라보다도 중국에 대해 많이 알아야 하는 한국의 입장에서는 부럽기만 하다. 우치야마서점은 1917년 중국 상하이에서 처음 개업하여 1935년에 도쿄로 진출했다니 100년 가까운 역사를 자랑하는데, 중국의 문호 루쉰과도 각별한 인연이 있다고 한다.

10여 년 전쯤 진보초의 헌책방에서 사진책을 뒤지다 우연히 사진 한 장을 발견하고는 뭐라 말할 수 없는 충격을 받았다. 청일전쟁 시기 변발에 손이 뒤로 묶인 채로 앉아 있는 청나라 포로를 별기군 차림의 조선 병사가 감시하는 사진이었다. 청과 일본의 전쟁인데 왜 조선 병사가 청군 포로를 감시하는 것일까. 사진설명을 살펴보니 청일전쟁 때 체결된 대조선·대일본양국맹약大朝鮮·大日本兩國盟約에 따라 조선 병사가 일본군에 종군했다고 되어 있었다. 청일전쟁이 조선 땅에서 벌어졌다는 것은 알고 있었지만 조선군이 이런 역할까지 맡았다는 것은 금시초문이었다.

조일양국맹약은 1894년 7월 25일 일본이 풍도(경기도 안산시) 앞바다에서 청나라 함대를 공격해 청일전쟁을 일으키고 나서 약 한 달 뒤인 8월 26일에 조선의 외무대신 김윤식과 오토리 게이스케 일본 공사의 이름으로 체결되었다. 전부 3개 조항으로 이루어진 이 짧은 조약의 주된 내용은 청국 군대를 철퇴시키기 위해 일본이 전투를 담당하고 조선이 일본군에 식량을 비롯한 일체의 편의를 제공한다는 것이다. 한마디로 일본군이 전방에서 청나라와 전투를 담당하는 대신, 조선은 일본군을 위해 인력과 시설을 제공하고 무기와 식량도 운반하며 사진에서 본 대로 포로 감시도 해준다는 뜻이다. 중국을 상대로 한국과 일본이 군사동맹을 맺고

청일전쟁 시기 변발을 하고 손이 뒤로 묶인 채 앉아 있는 청나라 포로를 별기군 차림의 조선 병사가 감시하고 있다. 1894년 체결된 조일양국맹약에 따라 조선 은 일본군을 위해 인력과 시설을 제공하고 포로 감시도 해주었다. 주간지 〈일 록 20세기 1868-99〉(고단샤, 1999년 3월 2일 호) 중.

병참 지원을 한국이 담당한 것이다.

일본은 선전포고에 앞서 전쟁을 시작할 명분을 만들기 위해 조선이 일본에 청국 군대를 철퇴시켜줄 것을 요청하는 문서를 보내도록 압력을 넣었다. 그리고 전쟁 수행에 앞서 조선이 일본에 전면 협력하는 체제를 미리 만들어놓으려 했다. 이를 위해 일본은 풍도 해전 이틀 전인 7월 23일 여단 규모 병력을 동원해 조선의 궁궐수비대와 교전한 끝에, 경복궁을 무력으로 점령하고 고종의 신병을 확보했다. 일본의 허수아비 신세로 전락한 조선 정부는 일본군에 물자와 인력을 제공하는 조처를 취하지 않을 수 없었다.

그러나 일본군이 통과하는 지방의 관청과 주민들은 일본에 대한 적대감 때문에 좀처럼 협조하려 하지 않았다. 일본군은 현지에서 강제로 물자를 징발하기 시작했고 주민들의 적대감은 점점 깊어졌다. 급기야 이 문제로 일본군 지휘관이 자살하는 사건까지 벌어졌다. 일본군과 청군이 육상에서 처음으로 교전한 것은 7월 29일의 성환(충청남도 천안시 성환읍) 전투에서였다. 그런데 이틀 전인 7월 27일에 그동안 어렵게 징발해 확보해둔 말과 조선인 노동자가 모두 도망가버리자 보병 제21연대 제3대대장인 고시 마사쓰나 소좌가 전투 준비에 지장을 초래한 데 책임을 지고 자살한 것이다. 문제가 심각해지자 일본은 조일양국맹약 체결을 서두르게 되었다.

포로 감시 사진을 살펴보자. 초립처럼 생긴 모자를 쓰고 흰색 무명 바지에 짙은 색 상의를 걸친 헐렁한 차림새의 조선 병사 셋이 소총을 들고 포로들 뒤에 나란히 서 있다. 병사들은 아직 10대인 듯 얼굴이 앳되어 보인다. 땅바닥에 책상다리하고 앉은 포로 4명의 발치는 풀잎으로 반쯤 덮여 있다. 4명 모두 머리 앞부분을 박박 밀고 뒷머리만 길게 땋은 만주족 특유의 변발을 하고 있다. 뒤쪽 조선 병사 하나가 포로들의 땋은 머리를 서로 엮어 단체로 산보시키는 애완견들의 목줄처럼 한 손으로 거머쥐고 있다.

조선이 청일전쟁에서 일본군의 심부름꾼 노릇을 했다는 사실을 이 사진 한 장이 극명하게 보여준다. 어쩌다 자기 땅에 다른 나라 군대가 제멋대로 들어와 전쟁을 하고, 한쪽 편의 심부름까지 떠맡는 못난 처지가 되었을까. 안타까움과 부끄러움이 쓰라리게 가슴을 파고들었다. 그 후 외교 현장에서 업무에 쫓기면서도 가끔씩 이 사진을 꺼내 보며 외교라는 일이 갖는 엄중함을 잊지 말자고 다짐하곤 했다.

"이 맹약은 청국병을 조선국의 국경 밖으로 철퇴시켜 조선국의 자주독립을 공고히 하고 조일 양국의 이익을 증진할 것을 목적으로 한다." 조일양국맹약 제1조의 내용이다. 일본군의 심부름을 한다는 약속이 자주독립과 양국의 이익이라는 그럴듯한 말로 포장되었다. 미사여구로 핵심을 호도하기는 1910년 8월의 강제 병합조약도 마찬가지다. 전문前文에는 두 나라 "상호의 행복을 증진하며 동양의 평화를 영구히 확보하기 위해서는" 한국을 일본에 병합하는 방법밖에 없다고 확신해 조약을 체결한다고 치장되어 있다.

외교회담에서의 말 한 마디, 조약문에서의 한 글자가 국가의 명운을 좌우한다. 가슴 아픈 역사를 되풀이하지 않아야 한다. 한국 외교가 치열해야만 하는 이유다.

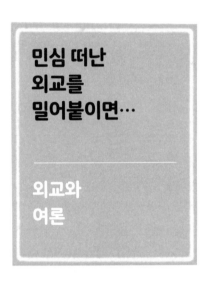

민심 떠난
외교를
밀어붙이면…

외교와
여론

　　　　　1905년 러일전쟁은 일본을 극동
의 변방국에서 세계의 열강으로 발돋움하게 만든 사건이었다. 그
런데 러일전쟁을 승리로 끝낸 일본 정부를 기다리고 있었던 것은
국민들의 박수와 환호가 아니라 대규모 시민폭동이었다.

　1905년 8월 미국의 항구 도시 포츠머스에서 러일 양국이 전쟁
을 마무리하기 위한 협상을 개최했다. 강대국 러시아와의 전쟁에
서 승리해 흥분상태에 있던 일본 국민들은 막대한 배상금과 영토

를 얻어낼 수 있을 것으로 잔뜩 기대했다. 그러나 일본 정부는 9월 5일 타결된 강화조약에서 전쟁 배상금을 포기한데다 일본군이 점령한 사할린 섬의 북쪽 절반을 러시아에 되돌려주기로 합의했다. 이러한 내용이 알려지자 국민들은 분노했다.

사실 포츠머스 강화조약에서 일본은 조선에 대한 우월한 지위를 인정받았고, 2개월 뒤 을사늑약을 체결해 조선을 보호국으로 만드는 발판을 마련했다. 뿐만 아니라 러시아로부터 랴오둥 반도의 조차권과 창춘-뤼순 철도를 넘겨받았고, 만주에서 러시아군을 철수시켜 러시아의 남하 위협을 제거했으며, 비록 사할린 북쪽 절반을 내주기는 했지만 남쪽을 새로운 영토로 획득하는 성과도 얻었다.

그러나 전쟁 기간 동안 정부의 언론 검열 때문에 일본군이 연전연승하고 있다는 소식만 듣던 일본 국민들로서는 당연히 받아내야 할 배상금은 물론이고 사할린 북부까지 허무하게 포기했다는 사실을 좀처럼 납득할 수 없었다. 국가예산 6년분에 해당하는 17억 엔 이상의 전쟁 비용이 들어갔고, 이를 충당하기 위해 국민들은 두 차례나 대규모 증세를 감수한 터였다. 인명 손실도 12만 명이 넘었다.

야당과 언론과 국민은 포츠머스 조약으로 국민들의 희생이 무의미해져버렸다고 비판의 목소리를 높였다. 당시 일본의 군사력

1905년 8~9월 미국 뉴햄프셔주 포츠머스에서 일본의 고무라 주타로와 러시아의 세르게이 비테를 비롯한 양국 대표들이 러일전쟁 강화회담을 열었다.

이나 재정 형편으로 볼 때 전쟁을 계속할 여력이 더 이상 남아 있지 않았다는 사실은 국민들에게 거의 알려지지 않았다.

9월 5일 도쿄의 한복판에 있는 히비야 공원에서 강화조약에 반대하는 국민집회가 열렸다. 3만 명이 넘는 군중(현재의 도시 인구 비율로 환산하면 20만 명에 해당)이 운집했다. 내각의 탄핵과 조약의 파기, 전쟁의 계속을 요구하는 강경론이 봇물처럼 터져 나왔다. 집회는 삽시간에 폭동으로 변해 도쿄 시내 파출소의 70퍼센트가 불타고 1000명이 넘는 사상자가 나왔다. 일본 정부는 계엄령을 선포하고 군 병력을 투입해 시위를 진압했다.

110년 전에는 일본 정부가 계엄령으로 포츠머스 강화조약에 반대하는 여론을 잠재울 수 있었지만, 지금이라면 가능했을까? 한국에서도 비슷한 사례가 있다. 1964년 한일 국교정상화에 대한 반대운동이 전국적으로 확대되자 박정희 정권이 계엄령을 선포하고 이를 진압했다. 만일 지금 똑같은 일이 벌어졌다면 계엄령은 국민들의 거센 저항에 부딪혔을 것이고, 한일 국교정상화도 가능하지 않았을 것이다. 민주화의 진전에 더하여 인터넷이나 SNS 같은 기술의 발달로 국민의 여론이 외교에 직접적이고도 강력한 압력으로 작용하는 시대가 되었기 때문이다.

외교에서 여론을 중시하는 움직임은 꽤 오래전부터 나타났다. 20세기 초까지는 어느 나라든 비밀외교를 하는 것이 보통이었다.

그러나 제1차 세계대전 이후 외교에서도 여론을 존중해야 한다는 생각이 확산되면서 1919년의 국제연맹 규약에는 모든 조약과 협정의 내용을 공개해야 한다는 공개외교의 원칙이 명문화되었다. 이를 고전적인 비밀외교와 구별하여 신新외교 또는 민주적 외교라고 부르기도 했다. 기껏해야 조약의 내용을 공개하는 정도를 가지고 '민주적'이라 말하는 것이 지금의 기준으로 보면 그다지 공감할 수 없지만 말이다.

요즈음은 국민들이 외교교섭의 결과에 납득하지 못할 경우 합의의 파기와 재협상을 요구하는 일이 당연한 것처럼 되었다. 실제로 여론의 반발 때문에 정부가 일단 외교적으로 합의했던 내용을 나중에 번복하는 일도 드물지 않다.

미국의 도널드 트럼프 대통령은 외국 상품의 수출 공세로부터 국내 산업을 보호해달라는 여론을 의식해 2017년 1월 취임하자마자 전임 오바마 행정부가 어렵게 체결한 환태평양경제동반자협정(TPP)에서 탈퇴하기로 결정했다. 2016년 미국 대통령선거 과정에서는 TPP에 대한 강력한 비판 여론 때문에 과거 국무장관으로 TPP에 찬성했던 힐러리 클린턴 후보조차도 입장을 바꾸어 반대를 주장하기도 했다.

중국과 일본은 동중국해에서 배타적경제수역(EEZ)의 경계선이 합의되지 않아 해저 가스전 개발을 둘러싸고 오랫동안 마찰을 빚었다. 2008년 6월 양국 정부는 문제 수역에서 공동으로 가스전을 개발한다는 합의를 이루어냈다. 양측의 명분과 실리가 적절히 조화된 균형 잡힌 내용이었다. 그러나 합의 내용을 구체화하여 조약으로 만드는 실무협상의 단계에서 뜻하지 않은 장벽에 부딪혔다.

중국에서 군부를 비롯한 강경파들이 일본에 지나치게 양보했다는 비판을 쏟아내면서 여론이 악화되자 후진타오 정권은 고민에 빠졌다. 중국은 일본과의 외교적 합의 자체를 파기하지는 않았지만, 조약체결을 위한 실무협상에 응하지 않음으로써 합의를 사실상 무력화하는 방법을 택했다.

중국은 공산당 일당지배 체제를 바탕으로 국민 여론에 신경 쓸 필요 없이 전략적이고 일관성 있는 외교를 구사한다는 평가를 받던 시절이 있었다. 그러나 인터넷과 SNS가 보급되면서 중국 정부도 더 이상 여론을 무시할 수 없게 되었다. 언론의 자유가 보장되지 않은 탓에 정통성에 약점을 안고 있는 공산당 정권은 역설적으로 국민 여론의 눈치를 더 많이 볼 수밖에 없는 측면도 있다.

시진핑 주석의 부인 펑리위안은 아이폰을 든 사진이 보도되어 중국 네티즌들로부터 뭇매를 맞고 중국제 누비아폰으로 바꾸기도 했다. 그러자 네티즌들은 '국모의 휴대전화'(國母手機)라며 흡족한 반응을 보였다. 오늘날 중국에서 여론의 힘이 얼마나 강해졌는지를 상징적으로 보여주는 일화다.

일본에서도 국내 여론 때문에 야심찬 외교전략이 좌절된 일이 있었다. 2002년 9월 17일 고이즈미 준이치로 일본 총리가 북한을 전격 방문했고, 이를 계기로 북한에 있던 일본인 납치 피해자 5명이 모국을 방문했다. 2주일 정도 일본에 머문 뒤에 다시 북한으로 복귀한다는 것이 북일 양쪽의 합의였다. 납치는 불행한 일이었지만 북한에서 가정을 꾸렸고 자식까지 남겨두고 왔기 때문에 피해자들의 입장에서도 일단 북한으로 되돌아갈 수밖에 없었다.

그러나 일본 국내에서는 '피해자가 겨우 풀려났는데 어떻게 다시 납치범의 손에 넘겨줄 수 있느냐'는 비판이 쏟아졌다. 약속한 대로 북한으로 돌려보내고 나서 외교협상을 통해 가족들과 함께 완전히 귀국시키는 것이 낫다는 외무성의 목소리는 강경 여론 앞에서 발붙일 자리가 없었다. 결국 일본 정부는 북한과의 합의를 깨고 피해자들을 일본에 정착시킬 수밖에 없었다. 모처럼 역사적인 전기를 맞았던 북일관계는 다시 원위치로 되돌아가버렸다. 일본 외교에서 어렵게 찾아온 기회가 국내 여론의 벽을 넘지 못하고 물거품처럼 사라지는 순간이었다.

일찍이 영국의 해럴드 니컬슨은 《외교론》이라는 명저에서 주권자인 국민들이 국제 문제에 무지하며 무책임하기 때문에 민주적 외교에는 많은 위험이 도사리고 있다고 지적했다. 비합리적이고 변덕스러운 국민 여론에 휘둘러서는 안 되며, 전문성과 책임

의식을 갖춘 정부기관이 외교를 이끌어야 한다는 주장이었다. 니컬슨의 책은 아직도 외교 분야의 고전으로 인정받고 있지만 1939년에 초판이 나온 만큼 시대 변화를 고려하여 비판적으로 평가해야 할 부분도 많다. 이제 대중은 외교에 대해 잘 알지 못하니 전문가 집단에 맡겨두는 게 좋다고 말할 수만은 없는 시대가 된 것이다.

국익을 위해 옳은 판단을 하고 정책을 집행하면 당장은 여론의 비판을 받더라도 나중에 역사가 제대로 평가해줄 것이라는 생각은 자칫 오만이 될 수 있다. 촛불집회에서 드러난 광장의 민심은 '가르치려 들지 마라, 내가 스스로 판단한다'는 한마디에 응축되어 있다. 이런 시대에 국민을 계도한다는 발상이 통할 여지는 없다. 오히려 반발과 부작용만 키울 뿐이다.

박근혜 정부가 국민 여론의 충분한 지지를 확보하지 않은 채 서둘러 추진했던 외교합의들에 대해 파기해야 한다는 목소리가 높아졌던 것은 당연한 일이었다. 일본군 위안부 문제 합의, 사드 배치 결정, 한-일 군사정보보호협정 체결이 대표적이다.

외교적 합의를 파기하면 상대국으로부터 신뢰를 상실한다. 그러나 여론이 지지하지 않는 합의를 강행하면 국민들로부터 신뢰를 상실한다. 오늘날은 외교와 국내 정치의 경계가 점점 사라지고 있다. 국내의 반대 여론을 잘 설득할 수 있어야 비로소 상대국으로부터 외교적 신뢰도 생기는 법이다. 외교적 합의에 따른 의무를 원만하게 이행하기 위해서도 국내 여론의 지지는 결정적으로 중요하다. 따라서 상대국과 외교적인 합의에 앞서 교섭 단계에서부터 여론의 이해를 확보하는 작업을 핵심적 과제로 생각할 필요가 있다. 겸허한 자세로 널리 국민들의 이해를 구하는 노력이 관건인 시대다.

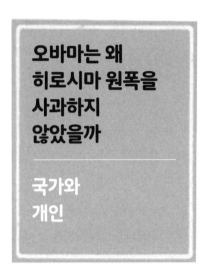

오바마는 왜 히로시마 원폭을 사과하지 않았을까

국가와 개인

　　　　　　　　일본군 '위안부' 문제가 이토록 오래갈 것이라고 누가 상상이나 했을까. 1991년에 처음으로 외교 문제가 되었을 때만 해도 몇 년 노력하면 어떤 형태로든 마무리되리라 생각한 사람들이 많았다. 30년 가까운 세월이 흐른 지금, 마무리되기는커녕 2015년 12월 한일 양국 정부의 섣부른 합의로 인해 더욱 복잡하게 꼬여버리고 말았다.

　1993년 2월 오랜 군사정권을 종식시키고 김영삼 문민정권이 출범했다. 군부 내 사조직 척결, 공직자 재산 공개, 금융실명제 등 여러 분야에서 개혁 조치를 단행한 덕분에 김 대통령의 지지율은 취임 직후의 71퍼센트에서 단숨에 80퍼센트대로 치솟았다. 이러한 자신감을 바탕으로 위안부 문제에서도 과감하게 방향을 전환하여 일본에 더 이상 금전적 보상을 요구하지 않겠다고 선언했다. 일시금 500만 원(1998년 김대중 정부에서 추가로 3800만 원 지급)과 매월 생활안정지원금 및 의료비 지원, 임대주택 입주 등 피해자들에 대한 조치는 한국 정부가 알아서 할 테니 그 대신 일본은 위안부 문제에 관한 진상을 조사하고 그 결과를 후세에게 교육하라고 요구했다.

당시 일본 정부는 위안부 동원의 강제성을 인정하지 않는 것은 물론이고 1965년 한일 청구권협정으로 이미 모든 문제가 해결되었기 때문에 어떠한 보상 의무도 인정할 수 없다는 입장이었다. 한편 한국 정부는 2005년이 되어서야 위안부 문제는 청구권협정으로 해결되지 않았고 일본 쪽에 책임이 남아 있다는 공식 입장을 발표했지만, 1993년 당시만 해도 아직 입장을 분명히 정리하지 못하고 있었다. 법률적인 논리가 확고하지 않다보니, 일본 정부를 상대로 강제성을 인정하고 성의 있는 조치를 취하라고 당당하게 따지기보다는 뭔가 아쉬운 태도로 설득하고 부탁하는 모양새에 가까웠다. 나는 도쿄의 한국대사관에서 2등서기관으로 일하면서 이 과정을 지켜봤다. 가해자를 향한 피해자의 요구가 왜 이런 구차한 모양새여야 하는지 늘 마음이 답답했다. 당시에는 지금과 달리 위안부 문제에 관한 일본 사회의 분위기가 정부와는 대조적으로 굉장히 우호적이었는데도 말이다.

김영삼 정부의 발상 전환은 나의 갑갑한 심정을 단번에 씻어내 주었다. 이때부터 한국 정부의 자세가 180도 바뀌었다. 성의 있는 조치를 해달라고 구차하게 부탁하는 대신, 피해자에 대한 지원 조치는 한국이 해결했으니 일본은 알아서 해야 할 일을 하라고 당당하게 요구했다. 한국 정부는 일본에 금전적 보상을 요구하지 않는 새로운 정책을 '도덕적 우위에 입각한 자구조치'라고 불렀다. 한국의 언론도 대부분 이 조치를 긍정적으로 평가했다. 1993년 3월 30일자 〈한겨레〉는 "민족의 자존심을 살리고 인도적인 배려도 병행하고자 하는 최초의 시도라는 점에서 작지 않은 의미를 지닌다. 이 조처는 일본 정부에 상당한 심리적 압박을 주는 외교적 효과를 겨냥하고 있기도 하다"고 보도했다. 한국의 정책 전환에 자극을 받은 일본 정부는 5개월 뒤인 8월 4일 위안부 모집의 강제성을 인정하는 고노담화를 발표했다. 드디어 위안부 문제를 원만하게 수습할 기회가 찾아오는 듯 보였다.

나는 1993년의 자구조치가 대일외교에서 드문 훌륭한 결단이었다고 그후로도 오랫동안 믿고 있었다. 그러다 나중에 자구조치에 대해서 사람들이 그다지 크게 평가해주지 않고 있다는 것을 알게 되었다. 심지어 그런 조치가 있었다는 사실조차 모르는 경우가 대부분이었다. 위안부 문제에 관한 책을 쓴 어느 학자를 만났을 때, 책에 1993년의 자구조치가 포함되지 않은 이유를 물었더니 오히려 그런 조치가 있었느냐고 되물어오기에 적지 않게 놀라기도 했다.

대체 이유가 뭘까? 공직을 떠나고 3년쯤 지나서야 비로소 그 실마리를 찾을 수 있었다. 나는 어디까지나 외교현안을 다루는 외교관으로서 국가의 입장에서 생각했던 반면, 사람들은 국가보다는 피해자 개인의 입장에서 문제를 보고 있었던 것이다. 위안부로 끌려갔던 당사자들의 입장에서는 일본 정부가 국가의 책임을 제대로 인정하지도 않고 있는데 왜 함부로 보상 요구를 포기해버리느냐고 생각했을 수 있다. 일본에 제대로 책임을 따져 물은 적도 없으면서 어떻게 더 이상 금전적 보상을 요구하지 않겠다는 선언을 해버릴 수 있느냐고 불만을 가졌을 수도 있다. 이렇게 피해자들이 선뜻 만족할 수 없는 측면이 있었기 때문에 김영삼 정부의 조치는 사람들의 기억 속에 오래 남아 있지 못했던 것 같다.

되돌아보면 나는 무엇보다도 국가의 체면이 구겨져서 마음 상했고 국가의 자존심이 다시 회복되어서 뿌듯했을 뿐, 실제로 피해자들이 얼마나 만족했는지에 대해서는 관심이 부족했다. 외교 업무를 맡으면서 각자 처한 입장에 따라서 같은 일이라도 얼마 든지 다르게 보일 수 있음을 항상 명심했다고 생각했는데, 정작 1993년의 자구조치에 대해서는 그러지 못했던 것이다.

경제통상 분야의 외교협상에는 구체적이고 개별적인 이해당사 자가 존재하는 경우가 대부분이다. 예전에 정부 간의 항공회담에 참석해보니 회의장 밖 복도에 민간항공사 관계자들이 대기하고 있었다. 신규 노선 개설이나 증편을 두고 줄다리기를 하다가 상 대국으로부터 양보안이 나오면 잠시 회의를 중단하고 밖으로 나 가 항공사의 의견을 들어본 뒤에 다시 협상하는 방식으로 진행되 었다. 협상 결과에 따라 항공사들의 이익이 크게 좌우되기 때문 이었다. 자유무역협정 협상에 앞서 각 산업 분야의 의견을 수렴 하는 절차를 거치는 것도 마찬가지 이유에서다.

이해당사자를 특정하기 어려운 분야의 협상에서는 이러한 방 식이 가능하지 않다. 국민 개개인이 아니라 국가 전체의 이익을 위해 정부가 사안을 종합적으로 분석해서 판단을 내리지 않을 수 없다. 일본의 과거사 사죄와 교과서 왜곡, 중국의 동북공정 문제 등이 대표적이다.

위안부 문제는 과거사 문제이면서도 이해당사자가 분명하다 는 특징이 있다. 피해자들의 요구사항도 일본의 책임 인정과 보상이라는 점에서 어느 정도 구체성이 있다. 2015년 12월의 합의 내용이 폭넓은 지지를 받지 못하는 것은 피해자들의 의견을 충분히 수렴하지 못했기 때문이다. UN의 여성차별철폐위원회도 "양국 정부의 합의가 피해자 중심의 접근 방법을 충분히 취하지 않았다"고 지적한다.

2016년 5월 버락 오바마 당시 미국 대통령이 인류 최초의 원폭 피해지인 히로시마를 방문했다. 방문 계획이 발표되자 과연 미국 대통령이 핵무기 사용에 대해 사죄할 것인지 여부에 관심이 쏠렸다. 군인과 일반 시민을 구별하지 않고 10만 명이 넘는 생명을 한순간에 앗아간 원폭 투하 행위는 국제법적으로나 인도적으로 비난받아 마땅한 일이지만, 미국에서는 침략전쟁의 원흉인 일본에 사죄할 필요가 없다는 목소리가 다수였다. 일본 정부는 오바마가 히로시마 방문에 부담감을 느끼지 않도록 일찌감치 미국에 사죄를 요구하지 않겠다는 입장을 밝혔다.

《로마인 이야기》로 한국에서도 유명한 일본 작가 시오노 나나미는 오바마의 방문에 앞서 〈아사히신문〉과의 인터뷰에서 일본이 미국에 사죄를 요구하지 않기로 한 것은 잘한 일이라고 입이 마르도록 칭찬했다. 그는 "사죄를 요구하지 않고 말없이 손님을 맞는 것이 큰 소리로 사죄를 요구하는 것보다 훨씬 품위 있다는 인상을 준다"면서, 미국이나 유럽에서는 같은 아시아 국가 중에

2016년 5월 27일 일본 히로시마 평화기념공원을 방문한 버락 오바마 미국 대통령이 원폭 희생자 위령비에 헌화한 뒤 묵념하고 있다. (©연합뉴스)

서도 일본은 국가의 품격이 다르다고 느낄 것이라고 말했다.

예전 같았으면 나도 상당히 공감했을 만한 내용인데 인터뷰 기사를 읽어 내려가다보니 강한 거부감이 들었다. 원폭의 가공할 만한 피해를 온몸으로 받아내야 했던 사람들의 입장에서는, 미국에 사죄를 요구하지 않음으로써 일본의 국격을 높였다는 시오노의 말이 어떻게 비쳤을까. 아무리 감정을 잘 드러내려 하지 않는 일본 사람들이라고는 하지만 원폭 피해자들의 마음속에는 미국으로부터 한마디 사죄의 말을 듣고 싶다는 깊은 한이 남아 있지는 않았을까. 설사 미국에 사죄를 요구하지 않는 편이 낫다고 하더라도 그런 결정을 할 자격이 있는 것은 일본 정부가 아니라 직접 피해를 본 개인들이 아닐까.

국제사회는 국내사회와 달리 분쟁을 해결해주는 심판이 존재하지 않는다. 국가가 자력으로 국익을 지켜야 한다. 이러한 구조 속에서 국제 분쟁에 휘말린 개인이 자신의 권리를 지키려면 최종적으로 국가에 의지할 수밖에 없다. 국가가 없으면 그 국민은 기댈 곳조차 없다. 위안부 문제 해결이든 원폭 투하에 대한 사죄든 상대국에 그것을 요구하려면 국가가 있어야 한다. '옳든 그르든 조국은 조국이다'라는 말은 그래서 나왔는지도 모른다. 그렇다고 해서 무조건 국가는 영원히 존속해야 하고, 이를 위해서라면 개인의 희생은 당연하다고 할 수는 없다. 인류의 역사는 국가에 대한 무조건적인 긍정과 긍지가 얼마나 비극적인 결과를 초래했는지 수없이 보여주었다.

1986년 개봉한 영화 〈미션〉은 18세기 중반 남미의 정글에서 과라니족 원주민을 개종시켜 교회를 세우고 기독교 공동체를 건설한 예수회 신부들의 이야기다. 스페인과 포르투갈이 맺은 영토 교환 조약 때문에 스페인에 속한 과라니족 공동체를 포르투갈에 넘겨주게 되었다. 신부들은 어렵게 쌓아 올린 선교활동의 성과를 모두 포기하라는 교황청의 불합리한 지시에 저항한다. 공동체를 넘겨주면 과라니족은 모두 포르투갈의 노예 사냥꾼들에게 희생되고 말 것이라고 호소한다. 신부들을 설득하기 위해 교황청에서 파견된 대주교는 이들의 호소에 마음이 흔들리면서도 냉정하고 단호하게 말한다. "국가는 영원히 존속해야 한다. 이를 위해서 희생은 불가피하다."

일제 강점기와 북한의 침공으로 국가 존망의 위기에 처했던 기억이 아직도 생생한 한국의 토양에서는 특히 개인보다 국가가 우선이라는 생각이 자라나기 쉽다. 그래서 더더욱 국가와 개인은 무엇인가 하는 고뇌가 필요하다. 어쩔 수 없이 국가를 위해서 개인의 이익을 양보해야 하는 경우라도, 그에 앞서 정책 결정자가 뜬눈으로 밤을 지새우는 고뇌의 과정을 거쳐야 한다. 국익에 따라 냉정하게 행동하면서도 끝까지 개인의 존재를 잊지 않는 따뜻

한 마음을 아울러 갖추어야 한다. 한 치의 흔들림도 없이 국가와 민족을 생각한다고 확신에 차 있는 사람보다는 끊임없이 회의하고 망설이는 사람이 더 필요한지도 모른다. 외교 현장에 있을 때보다 떠난 뒤에 더욱 절실하게 드는 생각이다.

나의 친정,
외교부의
실책을
조사하다

위안부
TF 이야기 ①

　　2017년 7월 31일 '한일 일본군위
안부 피해자 문제 합의 검토 태스크포스(TF)'가 외교부장관 직속
으로 설치되었다. TF의 목적은 박근혜 정권 시절인 2015년 12월
28일에 전격 발표된 한일 위안부 문제 합의(12·28 합의)의 경위와
내용을 밝히고 평가하는 것이었다. 나는 이날 외교부에서 다른 위
원들과 함께 강경화 장관으로부터 임명장을 받았다. 2013년 9월
외교부를 명예퇴직한 후 4년 만에 처음으로 다시 들어가본 외교

부 건물이 왠지 서먹하고 어색했다.

2017년 6월 외교부로부터 TF 위원으로 참여해달라는 요청을 받았을 때 별다른 망설임 없이 바로 수락했다. 외교부를 정년퇴직한 선배 중에도 이 합의를 호되게 비판하는 사람들이 있었다. 외교부가 대국민 서비스 문제로 비난받은 일은 많았지만 외교정책의 내용을 가지고 이렇게까지 욕을 먹은 일은 이번이 처음이라는 것이었다. 언론에서 '한국 외교의 최대 참사'라고 비난할 정도로 피해자와 국민의 다수가 12·28 합의에 대해서 비판적이었다. 2017년 5월 대통령선거에 출마한 주요 정당 후보자들이 한사람도 빠짐없이 합의의 파기 내지 재협상을 공약으로 내걸었을 정도이니 12·28 합의에 대한 검증 작업은 피해갈 수 없는 수순이었다.

외국 정부와 외교적으로 합의하여 발표한 내용에 대해 2년도 채 지나지 않아서 TF를 만들어 그 과정을 조사하는 것은 한국 외교에서 전례 없는 일이다. 2년도 지나지 않은 외교교섭의 경위를 다 까발리면 상대국에 대한 한국의 외교적 신의가 실추될 것이고, 앞으로 외교를 하는 데도 좋지 않은 영향을 미치리라는 우려와 비판도 일리가 없지는 않다. 그러나 나는 그러한 부작용을 감수하더라도, 12·28 합의에 대한 검증 작업을 거쳐야만 비로소 위안부 문제도 수습의 실마리를 찾을 수 있고 한일관계도 관리가 가능해진다고 봤다. 나는 현직에 있을 때도 일본과 외교교섭을 벌여서 타협안을 도출하는 방안에 반대하는 입장이었고, 그 대신 한일 청구권협정 제3조에 따른 중재 회부를 주장했었다. 12·28 합의와는 전혀 다른 노선을 주장했기 때문에 TF에 참여해 합의를 비판하고 문제점을 밝혀내는 데 아무런 자기모순을 느끼지 않았다.

TF의 목적은 한국 정부에서 어떠한 검토와 의사결정 과정을 거쳐 일본과 어떻게 협상했기에 12·28 합의와 같은 결과물이 나왔는지를 밝히는 것이었다. 외교협상 과정에서 한일 양국 정부 사이에 어떠한 공방이 있었는지 그 내막을 상세히 드러내는 것이 TF의 목적은 아니었다. 따라서 외교 현장에서 구체적으로 일본 측에서 어떤 움직임이 있었는지에 대해서는 필요한 최소한의 부분만 공개하는 것이 바람직하다고 생각했다. 그런 방향으로 작업한다면 한일 외교관계에 대한 부정적 영향도 최소화할 수 있다고 생각했다.

TF는 6명의 민간위원과 3명의 외교부위원으로 구성되었다. 민간위원은 전직 언론인, 대학교수, 인권변호사로 구성되었고, 외교부위원은 현직 외교부 간부가 참여했다. 나는 외교부 관료 출신이지만 동서대학교 특임교수의 자격으로 민간위원에 위촉되었다. 과거에 외교부에서 일한 경험이 있어서 복잡한 외교문서를 검토하고 협상 과정의 문제점을 찾아내는 데에는 다른 민간위원에 비해 장점이 있었다. 현재는 민간인의 신분이니 외교부의 내부 논리에 치우치지 않으면서 어느 정도 객관적인 판단을 할 수 있는 입장이기도 했다. 그러나 거꾸로 외교부 출신이라는 점 때문에 시민단체 쪽에서는 나를 무늬만 민간인이지 사실상 외교부의 편을 드는 역할을 하리라고 의심하는 듯했다.

그러나 무엇보다도 TF에 참여하면서 개인적으로 고뇌를 느낀 이유는 다른 데 있었다. 아무리 민간인이 되었다고는 하지만, 30년이나 외교부에 몸담았던 내 입장에서 '친정'의 실책을 조사한다는 것은 고통스러운 일이 아닐 수 없었다. 아무리 그 조직에 분명한 잘못이 있다고 하더라도 외부인이 아닌 내부인(또는 한때 내부인이었던 사람)이 그것을 지적하고 비판하면 안팎에서 좋은 소리를 듣기 힘들다. 조직의 구성원으로서 마땅히 지켜야 할 '도리'를 저버린 파렴치한으로 몰리기 십상이다.

게다가 나는 2011년 8월부터 2012년 6월까지 외교부 동북아시아국장으로서 직접 위안부 문제에 관여했었기 때문에 고뇌가 남달랐다. '자기가 직접 문제를 담당했을 때 제대로 해결하지 못했으면서 다른 사람들이 처리한 일을 비판할 자격이 있는가'라든지, '자기가 담당을 했더라도 과연 문제없이 잘 해결했을까'라는 비난을 받게 되지나 않을까 부담감을 느낀 것이 사실이다. 그보다 더 괴로웠던 것은 바로 외교부에서 한솥밥을 먹으면서 가까이 지냈던 동료와 후배들이 12·28 합의에 직접 참여했다는 점 때문이었다. 내가 위안부 합의를 비판하는 것은 곧 나의 동료와 후배들이 한 일을 비판하는 것이나 다름없었다. 후배들 중에는 전화로 "선배님, TF에는 왜 참여했어요? 참여하지 않는 편이 낫지 않았어요?"라고 말하는 사람도 있었다. TF 작업을 하는 내내 그 한마디 때문에 마음이 무겁고 착잡했다.

어떤 정책에 대해 잘잘못을 가리다보면 관계자들의 책임문제가 제기되기 마련이다. 정부정책의 결정에 관하여 관련 공무원에게 책임을 물을 수 있는 것은 그 과정에서 명백한 절차적 하자나 위법행위, 또는 고의과실에 의한 구체적 피해가 존재하는 경우로 한정된다. 그러나 법률적 책임을 지지는 않더라도 정치적 또는 도의적 책임을 지는 경우는 얼마든지 있다. 선출직 공무원의 경우에는 다음번 선거에서 유권자들의 심판을 받는 형태로 책임을 진다. 장차관급 정무직 공무원의 경우에는 자리를 내놓는 것으로 정치적·도의적 차원의 책임을 진다. 반면 국장급 이하의 실무 관료에게 정치적·도의적 책임을 묻는 것은 옳지 않다. 특히 어떤 문제가 잘못되었을 때 일차로 정치적·도의적 책임을 져야 할 고위직에는 어떠한 책임도 묻지 않으면서, 국장급 이하의 관료들만 희생양으로 삼아서는 안 된다. 일이 잘되었을 때 그 공을 위로 돌리는 것이 관료조직의 덕목이듯, 일이 잘못되었을 때도 책임을 위에서부터 지는 것이 마땅하다.

TF가 출범하자 외교부 내에서 경계하는 태도가 역력하게 느껴졌다. 외교부에서도 12·28 합의가 잘못되었다는 의견이 없지는 않았지만, 외교부 역사상 처음 실시되는 자기비판 작업이니만큼 아무래도 반기는 분위기는 아니었을 것이다. 외교부 안팎을 막론하고 애당초 12·28 합의를 긍정적으로 평가하던 사람들은 TF의 출범을 문재인 정부가 추진하는 '적폐 청산'의 일환으로 치부하려 했다. 심지어 12·28 합의에 비판적인 사람들 중에서도 민간인들이 위원으로 참여해 2년도 지나지 않은 외교협상의 내용을 공개하는 것은 바람직하지 않다는 의견이 많았다.

TF에 대한 이러한 곱지 않은 시각은 2018년 1월 10일 외교부 출신 전직 외교관 50여 명이 발표한 '나라사랑 전직 외교관 100인 성명'에 잘 드러나 있다. 이 성명서는 "한일 간 위안부 합의와 관련하여 외교부가 소위 태스크포스의 이름을 빌려 외교기밀들을 대내외적으로 공개한 것은 한일 간의 문제 이전에 국제사회에 대한 폭거로서 앞으로는 외교 당국 간의 중요 사안에 관한 교섭과 외교 활동은 불가능하게 되었다"고 했다. 이어서 한일 위안부 합의를 철저히 이행해야 한다고 강조하면서 "(강경화) 외교부 장관은 권한 없는 민간인들이 외교 기밀문서를 뒤지고 공개 폭로하는 등

불법행동을 한 데 대하여 책임을 지고 즉각 사퇴하라"고 촉구했다. 전직 외교부 장관 10명이 "강경화 외교부 장관 후보자는 국제사회에서 검증된 인사"이며 "주변 4강 외교뿐 아니라 당면한 제반 외교 사안을 능동적으로 해결할 수 있는 적임자"라고 지지성명을 발표했던 것이 불과 6개월 전인데, 그때와는 판이하게 달라진 셈이었다.

이러한 분위기 때문에 나는 TF 제1차 회의에서 우리가 하는 작업도 훗날 검증의 대상이 될 수 있으니 최대한 투명하고 공정하게 진행해야 한다고 말했다. 훗날 정권이 바뀌어 거꾸로 TF에 대한 검증 작업이 벌어지더라도 견뎌낼 수 있을 정도의 정확성과 균형을 갖춘 결과보고서를 만들어내야 한다고 생각했기 때문이다. TF의 결과보고서는 참여했던 위원 9명의 이름과 함께 역사 속에 공식 기록으로 남게 되는 만큼, 먼 훗날에 다시 읽어보더라도 위원의 한 사람으로서 스스로에게 부끄러움이 없도록 해야 한다고 다짐했다.

비공개 합의는 허용되는가

위안부 TF 이야기 ②

TF 활동에서 관심의 초점이 되었던 것은 민간위원들이 비밀문서를 직접 열람한다는 점이었다. 민간위원들은 TF 활동 중 알게 된 비밀내용들을 TF 활동 기간에는 물론이고 활동이 종료된 후에도 외부에 누설하지 않는다는 보안서약서를 쓰고 작업을 시작했다.

민간위원들이 실제로 작업을 하는 데 외교부의 보안규정 때문에 많은 제약이 뒤따랐다. 위안부 협상의 전모를 파악하려면

2013년 2월 박근혜 정부 출범부터 2015년 12월 28일 위안부 합의 발표까지 약 3년 동안의 문서를 꼼꼼히 읽는 작업부터 시작해야 했다. 비밀문서는 외부로 대출이 불가능해 외교부 내의 지정된 사무실에서만 열람할 수 있었다. 민간위원들은 각자 직장에서 일하면서 중간중간 짬을 내 외교부에 가서 문서를 열람할 수밖에 없었다. 게다가 비밀문서는 참고용으로 복사를 할 수도 없어서 주로 기억에 의존하면서 작업해야 하는 어려움이 있었다. 그러다 보니 좀처럼 속도가 나질 않았다. TF가 30페이지 정도의 짧은 결과보고서를 내는 데 5개월이라는 긴 시간이 필요했던 것은 이처럼 많은 제약이 있었기 때문이다.

위안부 문제에 관한 방대한 문서를 처음부터 끝까지 이 잡듯이 전부 살펴볼 수는 없는 노릇이었다. 그래서 제일 먼저 외교부로부터 위안부 문제의 협상 경위를 상세히 정리한 자료를 제공받았다(이것도 물론 외교부 내에서만 열람할 수 있었다). 위원들은 이 자료를 일단 숙독한 뒤 각자 더 자세히 파악하고 싶은 부분이 있으면 그 부분의 열람을 요청했고, 그러면 외교부가 해당 문서를 열람하게 해주는 방식으로 작업이 진행되었다. 외교부는 위원들이 요청하는 문서는 무엇이든 숨김없이 다 보여주겠다고 했다. 그러나 민간위원들이 직접 외교부의 문서 보관함을 열어서 문서철을 자유롭게 들여다보는 방식이 아니었기 때문에, 만일 외교부가 자료에 포함시키지 않은 문서가 있다면 민간위원들은 그러한 문서가 존재한다는 사실조차 알 수 없었다. 외교부가 어떤 문서를 은폐하려고 한다면 충분히 가능했다. 민간위원들이 외교부를 100퍼센트 신뢰하지 못하는 것은 당연한 일이었다. 일부 민간위원들은 문서철 자체를 자유롭게 들여다볼 수 있어야 한다고 주장했지만, 결국 문서를 건별로 요청해서 열람하는 방식으로 작업을 시작했다. 위원들이 중요한 내용을 놓치지 않으려 눈에 불을 켜고 자료를 꼼꼼히 뜯어본 덕분에, 비록 문서철을 자유롭게 들여다보지는 못했지만 협상의 윤곽을 파악할 수 있게 되었다.

TF가 직접 볼 수 있는 문서가 외교부 문서로 한정되었다는 점은 또 다른 한계였다. 실질적으로 한일 양국 간 개최된 12회의 국장급 회담과 8회의 고위급 회담 자료에 더하여 중요한 내부 회의 기록들을 꼼꼼히 살펴보면 핵심 내용을 놓치는 일은 없겠다는 생각이 들었다. 그러나 외교부 차원에서 설치된 TF여서 청와대나 국정원 같은 기관의 문서를 직접 열람할 권한은 주어지지 않았다. 이병기 청와대 비서실장이 주도한 8회의 고위급 회담의 경우는 회담 때마다 청와대가 그 결과를 정리해 외교부로 보냈기 때문에 열람이 가능했지만, 그 내용은 아주 짧은 분량으로 요지만 정리한 수준에 지나지 않았다. 고위급 회담 등과 관련해 청와대가 만든 내부 자료를 제대로 볼 수 있다면 보다 상세한 내용을 파악할 수 있으리라는 아쉬움이 컸다. 그밖에도 TF는 협상에 직접 참여했던 주요 관계자를 면담해 부족한 부분을 보완했다.

2017년 12월 27일 발표된 TF의 최종 결과보고서는 위안부 협상과 12·28 합의 내용의 핵심을 밝혀내는 데 크게 부족한 점은 없었다고 생각한다. 그러나 앞서 말했듯 열람할 수 있는 문서 자체에 한계가 있었기 때문에, 훗날 정식으로 비밀이 해제되어 보다 폭넓게 문서를 살펴볼 수 있게 되면 더욱 상세한 내용을 알 수 있을 것이다. 그때 되돌아보더라도 TF의 결과보고서가 위안부 협상의 전체 흐름과 합의의 핵심 내용을 큰 실수 없이 짚어냈다는 평가를 받았으면 하는 바람이다.

2017년 8월, TF 활동이 본격적으로 시작되자마자 나는 큰 충격에 빠졌다. 협상 경위에 관한 외교부의 설명을 들으면서 2015년 12월 28일 발표한 합의 내용 이외에 대외적으로 공개되지 않은 합의가 있다는 사실을 처음 알게 되었던 것이다. 양국 정부 간 비공개 합의가 존재한다는 것은 그 사실만으로도 엄청난 폭발력을 갖는 문제였다. 그때까지 12·28 합의에 대한 국민들의 관심은 위안부 문제가 "최종적 및 불가역적으로 해결"된다는 내용이 포함된 경위와 소녀상 철거에 대한 약속 여부 같은 쟁점에 집중되어 있었다. TF의 결과보고서가 발표되면 다른 모든 쟁점들은 부차적인 것이 되어버리고, 비공개 합의의 존재가 가장 크게 부각될 것이 분명했다. 국내외적으로 커다란 파장이 예상되는 만큼 TF 회의에서는 비공개 합의의 내용을 그대로 공개할 것인지를 두고 격렬한 토론이 벌어졌다. 한쪽에서는 비공개 합의가 존재함을 알게 된 이상 당연히 국민에게 공개해야 하며, 만일 TF가 비공개 합의의 존재를 알면서도 이를 공개하지 않는다면 TF의 신뢰는 완전히 붕괴될 것이라고 주장했다. 반면 상대국 정부와 비공개하기로 약속한 내용을 일방적으로 공개하면 외교적인 부작용이 심각할 것이라는 우려와 함께, 비공개 합의 내용들은 한국 정부가 추가적인 이행의무를 지는 것이 아니므로 굳이 공개해도 실익이 없지 않느냐는 의견도 나왔다. 치열한 논의를 거듭한 끝에 TF는 비공개 합의 내용을 전면 공개하기로 입장을 정했다. 한편으로 비밀 유지를 통한 외교적 이익과, 다른 한편으로 피해자와 국민의 알 권리 사이에서 어느 쪽을 더 중시해야 할지 고민한 결과였다. 12·28 합의에 대해 국민들이 커다란 의혹을 느끼는 만큼 정부는 이를 설명할 책임이 있었고, TF는 사실을 사실대로 밝혀야 할 의무가 있었다.

비밀외교가 횡행하던 과거와 달리 오늘날은 공개외교가 원칙이다. 외교교섭의 과정은 비밀로 할 수 있지만 교섭의 결과인 합의 내용은 공개하는 것이 원칙이다. 물론 국가 안보와 같은 민감한 내용이라면 어쩔 수 없이 비공개해야 할 경우도 있지만, 위안부 피해자들을 구제하고 명예와 존엄을 회복하는 문제에서 당사자와 국민들에게 비밀에 부쳐야 할 합의가 필요했다는 것은 납득할 수 없다. 위안부 문제에서 정부는 피해자를 대리하는 변호사와도 같은 역할이다. 변호사가 상대방과 교섭하여 합의문을 만들면서 그중 일부를 자신의 의뢰인에게 숨긴다는 것은 있을 수 없는 일이다.

비공개 합의는 네 가지로 구성되어 있다. 그중 가장 중요한 것은 '외교장관회담 비공개 언급 내용'이라는 제목의 합의 문서였다. 그 내용은 한국정신대문제대책협의회(정대협) 등 피해자 관련 단체가 불만을 표명할 경우 이에 대한 설득, 주한 일본대사관 앞 소녀상 이전 노력, 제3국 기림비 설치에 대한 지원 자제, '성노예' 용어 사용 자제에 관한 것이다. 이 합의 문서는 제목에서 보듯이 한일 양국 외교부 장관이 회담을 하면서 각자 언급한 내용을 기록한 형태로 되어 있다. 따라서 이는 단순히 외교장관회담에서 양측의 발언을 정리한 것일 뿐, 비공개 합의나 이면합의가 아니라고 주장하는 사람도 있다. 그러나 비공개 합의의 내용은 단순히 2015년 12월 28일 개최된 한일 외교장관회담에서 윤병세 외교부 장관과 기시다 후미오 일본 외상이 각각 발언한 내용을 의미하는 것이 아니다. 비공개 합의는 공개된 합의와 함께 발표 약 8개월 전인 2015년 4월 11일 이병기 청와대 비서실장과 야치 쇼

타로 일본 국가안전보장회의 사무국장의 제4차 고위급회담에서 이미 잠정합의가 되어 있었다. 양국 정부가 단어 하나, 표현 하나를 두고 밀고 당기기 식으로 수정해나가면서 문서의 형태로 잠정합의를 이루었고, 양측이 이 문서에 확인서명을 하는 형식까지 갖추었다. 비록 '외교장관회담 비공개 언급 내용'이라는 제목이 붙어 있기는 하지만, 실제로는 양국 정부가 조약 문안을 가지고 협상을 벌인 끝에 최종합의안을 도출한 것이나 마찬가지였다. 실체가 이러한데도 비공개 합의는 양국 외교부 장관의 발언 내용을 기록한 데 불과하다고 의미를 축소하는 것은 어불성설이다.

외교에서 대외 비공개가 허용되는 것은 국가안보나 중대한 국익을 저해할 우려가 있는 예외적인 경우로 엄격하게 한정되어야 한다. 정부가 국내에서 비판을 피하기 위한 편리한 수단으로 비공개 합의를 남용하는 일이 있어서는 안 된다. 그러나 합의 내용이 알려지면 국민들로부터 비판받을 가능성이 높을 때 정부는 비공개 합의라는 방식을 이용하려는 유혹에 빠지기 쉽다. 2000년 한중 마늘협상에서 있었던 비공개 합의 소동이 대표적이다.

1999년 국내 마늘 재배 농가들이 중국산 마늘의 수입 급증으로 마늘 가격이 폭락해 피해를 입었다면서 긴급수입제한(세이프가드)을 요구하자 한국 정부는 중국산 마늘에 대해 세이프가드 조치를 발동했다. 이에 중국이 반발하면서 한국산 폴리에틸렌과 휴대전화의 수입을 중단하는 보복조치를 단행했다. 한국 정부는 중국의 보복조치에 따른 피해를 막아야 한다는 압박에 쫓겼다. 결국 중국과 협상을 벌인 끝에 2000년 7월 한국은 3년간 세이프가드 조치를 유지하면서 일정 수량의 중국산 마늘을 도입하고, 중국은 보복조치를 중단하는 합의에 도달했다. 이때 한국의 협상대표는 양국 간 합의 문서와는 별도로, 3년이 경과된 후부터는 한국 기업이 중국산 마늘을 자유롭게 수입할 수 있다는 내용, 즉 세이프가드 조치를 더는 지속하지 않는다는 내용의 부속서한을 만들어 서명한 후 중국 측에 전달했다.

한국 정부는 협상 결과를 발표하면서 세이프가드 3년 유지와 중국 측 보복조치의 중단이라는 내용만 부각했고, 부속서한의 내용은 공개하지 않았다. 부속서한의 존재를 알지 못했던 농민들은 세이프가드 조치의 마지막 해인 2002년 6월 세이프가드 연장을 신청했다. 그러나 2002년 7월 뒤늦게 언론을 통해 한중 양국 정부가 물밑에서 세이프가드 조치의 연장이 불가능도록 합의했다는 사실이 알려지면서 커다란 소동이 벌어졌다. 당시 언론은 "중국과 합의 2년 동안 공표 안 해", "마늘협상 고의 은폐 비난 봇물", "농민 우롱한 마늘협상 은폐" 같은 제목으로 정부에 대한 비판을 쏟아냈다. 이러한 소동의 책임을 지고 한덕수 청와대 경제수석비서관(마늘협상 당시 통상교섭본부장)과 서규룡 농림부 차관(마늘협상 당시 농림부 차관보)이 사임했다. 마늘 농가 대표들은 정부가 부속서한을 통해 세이프가드 연장 불가 방침에 합의해놓고서도 공개하지 않은 것은 국민의 알 권리를 침해한 것이라고 주장하면서 2002년 9월 헌법소원을 제기했다. 그러나 2004년 12월 헌법재판소가 각하 결정을 내림으로써 국민의 알 권리를 침해했다는 주장은 인정되지 않았다. 외교통상부는 헌법재판소의 각하 결정에 안도의 한숨을 쉬었다. 하지만 워낙 거센 비판이 제기되었던 문제였던 만큼, 재발 방지 차원에서 이해관계자에 대한 협상결과 통보, 모든 협상결과의 관보 게재 등 협상결과 공개의 투명성 제고 방안을 내부적으로 검토했다. 정부의 고위 관계자들도 국회 답변을 통해 협상의 결과가 적절하게 공개되지 않은 것은 잘못이었다고 인정하기도 했다.

문제는 정부가 과거의 교훈을 전혀 살리지 못한 채 유사한 잘못을 되풀이하고 있다는 사실이다. 2018년 2월에는 2014년의 한미 방위비분담협상에 관한 검증을 위해 외교부에 설치된 TF가 조사 결과를 발표했다. TF는 외교부가 민감한 내용을 방위비분담협정에 포함시키지 않고 별도의 이행약정으로 처리함으로써 국회 보고에서 누락시킨 것은 이면합의라는 의혹의 소지를 제공한 것이라고 결론지었다. 이러한 사례들은 외교부가 민감한 외교적 합의 내용을 비공개로 처리하는 관행이 구조적으로 반복되고 있음을 보여준다.

　권력을 가진 쪽은 자신의 재량을 최대한 확보하려 하는 반면 부과되는 구속과 제약은 최소화하려 한다. 외부의 감시와 제도적인 구속이 없으면 권력은 점점 많은 것을 감추려 하게 마련이다. 정부는 국익을 위해 비밀 유지가 필요하다고 주장하면서 이것을 편리하게 일을 처리하는 도구로 이용해서는 안 된다. 외교 분야에서 최대한 투명성을 유지하고, 합당한 절차를 존중하며, 공개 외교의 원칙을 준수하려면 많은 불편과 제약이 따를 수밖에 없다. 이러한 제약 속에서 외교 업무를 수행해야 한다는 불편함이 바로 국민주권과 민주주의가 작동하고 있다는 징표다. 협상의 결과를 국민과 국회와 언론에 사실대로 알릴 것인지 아니면 비공개로 처리할 것인지 결정하는 것을 마치 외교당국에 주어진 당연한 재량인 양 생각하는 관성에서 하루속히 탈피해야 한다.

한국 외교의 과오

위안부
TF 이야기 ③

             자신의 잘못을 스스로 인정하기는 쉽지 않다. 하물며 국가기관이 잘못을 스스로 인정하기는 훨씬 어려운 법이다. 입헌군주제에서는 '왕에게는 악이 성립되지 않는다'고 했다. 메이지 시대 일본 헌법의 국가무답책國家無答責의 원칙도 같은 맥락이다. 국가의 행위로 개인에게 손해가 발생해도 국가는 배상책임을 지지 않는다는 것이다. 그런데 이런 사고방식을 가지고 있던 일본이 자신의 잘못을 인정하고 반성하는 작업을 했다.

패전한 일본이 아직 연합군의 점령 아래 있던 1951년 1월의 어느 날, 요시다 시게루 총리가 외무성의 정무과장을 온천지 하코네에 있는 자신의 별장으로 불렀다. 요시다는 1931년 만주사변 이래 일본의 외교가 실패에 실패를 거듭하여 결국 원폭 투하와 패전의 비극을 맞았다면서, 그 원인을 분석한 보고서를 만들어보라고 지시했다. 작업은 윗사람들과 하지 말고 시각이 참신한 젊은 과장들끼리 모여서 하라는 주문도 덧붙였다.

이렇게 해서 1951년 4월 외무성의 내부 보고서로 탄생한 것이 《일본 외교의 과오》이다. 약 50쪽 분량의 이 보고서는 2003년에 일반에 공개되어 한국에서도 번역·출판되었다. 만주 침략에서 패전에 이르기까지 8개의 주요항목을 추려 사태가 악화된 원인과 외무성이 반성할 점은 무엇이었는지를 서술하고 있다. 불과 10여 년 전에 선배들이 했던 일을 젊은 외교관들이 솔직하게 비판한 것이다. 이 보고서는 군부 강경파의 폭주가 일본을 무모한 전쟁으로 치닫게 한 원인이라고 진단하면서, 이를 저지하지 못한 외무성의 무기력과 무능, 판단착오를 신랄하게 비판한다. 군부의 압력이 아무리 강력했다고 하더라도 외교당국이 끝까지 버텼으면 군부를 저지할 수 있었을 것이라는 대목이 여러 군데 등장한다. 외교장관이 사표를 던지겠다는 각오를 가졌더라면 상황은 크게 달라졌거나, 적어도 사태의 악화를 일시적이나마 막을 수 있었을 것이라고 지적한다. 그러나 실제로는 대부분의 외교관들이 군부 강경파에 편승하고 협력하는 경향을 보였다면서 자기 조직의 반성을 촉구하고 있다.

한편, 보고서에는 불과 10년도 지나지 않은 외교 사안에 대해 외무성이 자기비판 작업을 하는 것을 불만스러워하는 대목도 나온다. 실제 외교 현장에서는 외교 관료들이 만신창이가 되어가며 분투했었다고 강조하면서, 훗날 학자들이 책상머리에 앉아 자료만 보면서 당시 일본 외교가 무엇을 잘못했는지 평가하려 해도 그리 쉽게 결론을 내기는 어려울 것이라고 말하는 부분이 대표적이다.

나중에 아무리 비판받는 정책이라도 이를 추진했던 당사자들은 모두 주어진 상황에서 최선을 다했다고 주장하기 마련이다. 이 보고서에도 외교장관을 지낸 후 도쿄 군사재판에서 A급 전범으로 유죄 판결을 받은 시게미쓰 마모루가 자신은 장관 자리에 있을 때도 중요한 지시전문은 직접 기안할 정도로 모든 일에 최선을 다했다고 주장하는 대목이 나온다. 그러나 결과에 대한 판단은 스스로 하는 것이 아니라 제3자에게 맡겨야 한다. 수많은 생명의 희생과 원폭 투하라는 재앙을 가져왔다는 사실을 기준으로 판단할 때, 1945년 8월의 패전에 이르기까지 일본 외교는 과오의 연속이었다고 하지 않을 수 없다.

2017년 12월 27일 위안부 TF가 검토결과 보고서를 발표하자마자, 윤병세 전 외교부장관이 언론사에 자신의 입장을 변호하는 상세한 자료를 배포했다. TF 보고서가 협상의 복합성과 합의의 본질적·핵심적 측면을 간과하고 절차적·감성적 요소에 중점을 둠으로써 12·28 합의를 균형 있게 평가하지 못했다면서 "유감스럽게 생각한다"고 했다. 그리고 "복잡한 고난도의 외교협상 결과와 과정을 우리 스스로의 규정과 절차, 국제외교 관례를 무시하고 외교부 70년 역사에 전례가 없는 민간 TF라는 형식을 통해 일방적으로 공개한 것은 앞으로 우리 외교 수행방식에 대한 국제사회의 신뢰도를 저하시킬 뿐 아니라 우리 외교관들의 고난도 외교 수행의지를 위축시킬 것으로 우려된다"고 덧붙였다.

TF 보고서에 대해서 조목조목 반박하는 내용의 입장문을 읽어보면서 윤 전 장관이 12·28 합의를 끝까지 변호하려는 자세를 생생히 느낄 수 있었다. 그러나 TF 작업이 훗날 거꾸로 검증의 대상이 될 수도 있다는 각오를 가지고 균형과 절제를 유지하려 노력했던 TF 위원의 한 사람으로서, 윤 전 장관으로부터 유감이라는 비판이 제기된 이상 한마디 반론을 하지 않을 수 없다.

윤 전 장관은 입장문에서 여러 쟁점에 대해 TF 보고서를 비판하고 있다. 이에 대한 반론은 기본적으로 TF 보고서의 내용에 모두 담겨 있다고 생각하므로, 여기서는 가장 대표적인 쟁점에 대해서만 반론해보려 한다. 위안부 문제가 "최종적 및 불가역적으로 해결"된다는 내용이 포함된 데 관한 것이다. TF 보고서가 자세히 소개하고 있듯이 당초에는 한국 측이 "불가역적"이라는 용어를 먼저 사용했다. 한국 측의 의도는 아베 정권이 위안부 문제를 부정하고 과거 일본 정부의 입장을 후퇴시키려는 언행을 반복하고 있기 때문에 이를 견제하는 것이었다. 다시 말해 한 번 이야기한 것을 되돌릴 수 없는 것으로 못 박기 위해 일본 측의 사죄가 불가역적이어야 한다고 주장했던 것이다. 한국 측이 이러한 의도에서 불가역적이라는 용어를 주장한 것은 충분히 이해할 만하다.

그러나 그 후 전개된 외교교섭에서 불가역적이라는 용어는 완전히 다른 맥락으로 사용되어버렸다. 일본 측은 한국의 제안을 역이용해 위안부 문제의 해결이 불가역적으로 이루어진다는 내용의 합의문을 제시했다. 한국 측은 일본의 '사죄'가 불가역적이어야 한다고 주장했는데, 합의문에서는 위안부 문제의 '해결'이 불가역적이어야 한다는 의미로 둔갑해버린 것이다. 일본은 처음에는 단순히 위안부 문제가 '최종적으로' 해결되어야 한다는 입장만을 주장했는데, 한국이 생각지도 않게 '불가역적'이라는 용어를 들고 나온 덕분에 이를 자신에게 유리하게 위안부 문제가 "최종적 및 불가역적으로 해결"된다는 표현으로 바꿀 수 있었던 셈이다. 일본으로서는 위안부 문제가 더 이상 재론되지 않도록 이중의 잠금장치를 마련한 것이었다. 이처럼 '불가역적'이라는 용어의 맥락이 완전히 다르게 사용되었음에도 한국은 2015년 4월 제4차 고위급회담에서 합의문에 잠정합의를 해주었고, 12월 28일에는 합의를 정식으로 대외 발표했다.

'불가역적'이라는 용어가 당초 의도와는 다른 맥락에서 사용되었으므로 문제가 있다는 판단은 2015년 4월 잠정합의 직후에 합의문 내용을 분석한 외교부 내부문서에도 등장한다. 외교부는 '불가역적'이라는 표현이 들어가면 국내에서 반발이 예상되므로 삭제해야 한다는 검토 의견을 청와대에 전달했다. 그러나 청와대는 '불가역적'이라는 용어의 효과는 일본 측이 책임을 통감하고 사죄를 표명한다고 한 부분에도 적용될 수 있다는 이유로 받아들이지 않았다. 그 후로는 외교부가 '불가역적'이라는 표현의 문제점을 강하게 주장하거나 그 표현을 삭제 또는 수정하기 위해 적극적으로 노력한 흔적을 찾아볼 수 없었다. 오히려 외교부는 '불가역적'이라는 표현에 문제가 있다는 당초의 입장을 180도 바꿨다.

윤병세 외교부 장관은 기시다 일본 외상과 함께 12·28 합의를 직접 발표했고, 그 후에는 '불가역적'이라는 용어가 일본의 책임 인정과 사죄에도 적용되므로 한국에 유리하다는 견강부회의 주장을 하기 시작했다. 윤 전 장관은 기자들에게 배포한 입장문에서 "잠정합의 후 외교부가 불가역적 표현을 포함하여 일부 수정을 요청하기는 했으나 결과적으로 이것이 반영되지 않았더라도 우리 측이 이를 책임 인정, 사죄와 반성의 불가역성으로 해석하고 있다는 점을 일본 측이 잘 알고 있을 것"이라고 주장했다. 이 말을 알기 쉽게 설명하자면 비록 일본과 합의한 문서에는 '불가역적'이라는 표현이 위안부 문제의 '해결'을 수식하는 것으로 적혀 있지만, 그러한 실제 문안과는 관계없이 한국으로서는 '불가역적'이라는 용어가 일본의 '사죄와 반성'에 적용되는 것으로 해석하고 있으며, 이러한 점을 일본 측도 잘 알고 있을 것이라는 뜻이다.

아파트 매매 계약을 체결하면서 계약서에 관련 내용을 명시하지 못했는데도, 매수자가 자기는 향후 거주하면서 발생하는 문제를 매도자가 해결해주기로 한 것으로 해석하며, 매도자도 이를 잘 알고 있을 것이라고 주장한다면 어떨까? 민간인들의 거래에서도 해석의 차이에서 오는 분쟁을 막기 위해 계약서의 글자 하나, 쉼표 하나에도 주의에 주의를 거듭하는 것이 보통이다. 하물며 국가 대 국가의 외교교섭을 담당하는 최고 전문가 집단인 외교 관료들이 하는 일이야. 외국과의 합의문에서 상대방이 빠져나갈 구멍이 없도록, 스스로가 조금이라도 불리한 입장에 서는 일이 없도록 이중 삼중의 안전장치를 마련해야 하는 것이다. 일본에 유리하고 한국에는 족쇄가 되는 표현을 수용해놓고 나서 뒤늦게 억지주장을 늘어놓을 것이 아니라, 전문가 집단답게 일본과 협상하는 과정에서 합의문에 똑 부러지게 명시적인 표현을 집어넣었어야 한다. 역량이 부족해 그러지 못했다면 겸허하게 스스로를 되돌아보고 비판을 수용할 일이다. 윤 전 장관이 주장하듯 '불가역적'이라는 표현이 일본의 사죄와 반성에도 적용되는 것이라고 공개적으로 인정해줄 일본 정부 관계자가 과연 한 사람이라도 있을까? 그러면 12·28 합의의 주역들은 어디에 하소연할 것인가?

외교에서 상대방의 선의에 의지하는 것은 하수 중에서도 하수다. 아무리 가까운 나라와의 외교라도 중요하고 민감한 교섭 사안은 최종 합의문서에 명시적으로 포함시키지 않으면 의미가 없다. 합의문서에 분명히 적혀 있는 내용조차 지키지 않는 경우가 흔한데, 말로 수십 번을 확인해주었다 한들 무슨 의미가 있겠는가. 외교의 세계는 냉엄한 것이다. 윤 전 장관은 입장문에서 12·28 합의가 "복잡한 고난도 외교협상 결과와 과정"이라고 표현했지만, 과연 합의의 주역들이 "복잡한 고난도 외교협상"에 걸맞은 치밀함과 집요함을 발휘했는지 되묻고 싶다.

12·28 합의에 대한 TF 보고서가 나온 데 이어 2018년 1월 9일 위안부 문제에 대한 정부의 기본 입장까지 발표되었으니 외교부는 이제 한숨 돌렸다는 생각을 하고 있을지 모른다. 그러나 외교

부는 TF 보고서의 행간을 읽어야 한다. TF 위원들은 외교부 문서와 자료를 들여다보면서 참으로 많은 것을 느꼈다. 30페이지에 불과한 보고서에 미처 다 쓰지 못한 이야기가 많다. 그러나 보안을 유지하기로 서약했기 때문에 외부에 이야기할 수는 없다. 외교부는 12·28 합의라는 실책에 대해 TF 보고서와는 별도로 내부적으로 철저한 자기반성의 작업을 거쳐야 한다. 일본 외무성이 전쟁에서 패배한 후 외교적 과오를 분석하는 보고서를 만들었듯, 한국 외교부도 '한국 외교의 과오'라는 오답노트를 만들어보기를 권한다. 위안부 TF가 남긴 총 22회의 회의 기록을 참고하고, 외교부가 가진 모든 문서를 분석하면서 어디서 단추를 잘못 끼웠는지, 어떤 곳에 실수가 있었는지 정리해보기를 바란다.

나는 5개월간 TF 위원으로 외교부의 비밀문서를 살펴보면서 아주 놀라운 자료를 발견했다. 1980년대 말 위안부 문제가 처음 부각되었을 때부터 2014년 말까지 약 25년 동안의 중요한 외교 문서들을 하나하나 꼼꼼히 읽어보고 그 의미와 맥락을 일목요연하게 정리하여 상세한 일지 형태로 만든 두꺼운 책자였다. 훗날 정식으로 비밀해제가 되어 일반인들이 열람할 수 있게 되면 틀림없이 위안부 문제 연구를 위한 보석과도 같은 존재가 될 것이다. 이렇게 엄청난 시간과 에너지가 요구되는 작업을 해낸 담당자들의 헌신과 열정에 아낌없는 박수를 보낸다.

그러나 한편으로 12·28 합의의 주역들이 위안부 문제를 검토하는 과정에서 이 훌륭한 자료를 요긴하게 활용했더라면 결과는 달랐지 않았을까 하는 아쉬움을 지울 수 없다. 외교부가 이 자료를 만들어낸 담당자들처럼 치열한 열정을 가지고 위안부 문제에 관한 오답노트를 만들어주길 바란다. 한국 외교의 과오를 겸허히 돌아보고 그 고통스러운 기록을 미래를 향한 교훈으로 삼을 때 비로소 더 좋은 외교, 국민들로부터 사랑받는 외교를 향해 한 걸음 앞으로 나아갈 수 있다. 우공이산愚公移山이라 했던가, 얄팍한 요령부터 배우는 것이 아니라 미련해 보일 정도로 꾸준하고 집요하게 노력하는 외교관들이 많아질수록 한국 외교의 체력은 강해질 것이다.

4

협상
막전막후

새벽
1시에
걸려온
전화

외교관
'초치'

2016년 6월 9일 새벽 2시, 도쿄 한복판의 관청거리인 가스미가세키는 오가는 차량도 거의 없이 캄캄한 적막감에 싸여 있었다. 이 야심한 시각에 일본 외무성 건물로 검은색 대형 승용차 한 대가 조용히 들어왔다. 일반 승용차의 번호판과는 달리 파란색 바탕에 흰색으로 '外'(외)라는 글자에 이어 네 자리 숫자가 쓰여 있다. 일본에 주재하는 외교관용 번호판이다. 앞의 두 자리가 91인 것을 보니 중국대사관 소속이고, 다음 두 자리가 01이니 그중에서도 대사의 전용차량임에 틀림없다.

중앙 현관에 차가 멈추자 뒷좌석에서 짙은 남색 정장 차림의 남자가 내렸다. 청융화 주일 중국대사였다. 그는 중국대사관의 수행원 1명을 대동하고 일본 외무성 관계자의 안내를 받으며 곧바로 건물 안으로 사라졌다. 청 대사는 중일 국교정상화 직후인 1973년에 중국 유학생 1호로 일본에 파견되었던 대표적 지일知日파 외교관인 만큼 중일관계 발전에 남다른 기여를 하리라고 큰 기대를 모았다. 그러나 이날은 대사의 굳은 표정, 그리고 무엇보다 새벽 2시라는 시간이 양국 사이에 무언가 심상치 않은 일이 벌어지고 있음을 말해주었다.

청 대사는 전날 밤부터 잠자리에 들지 못한 채 센카쿠(중국명 댜오위다오) 문제를 둘러싼 중일 간의 신경전에 촉각을 곤두세웠다. 동중국해에서 센카쿠 열도 쪽으로 접근하고 있는 중국 해군의 군함이 이대로 센카쿠 수역에 들어가면 한 차례 외교적인 소동이 벌어질 수밖에 없는 상황이었다. 중국 군함은 일본 해상자위대 호위함의 거듭된 경고를 무시하고 6월 9일 0시 50분 드디어 센카쿠의 접속수역(영해 12해리의 바깥쪽으로 12해리까지 설정 가능한 수역)에 진입했다.

'결국 중국이 루비콘 강을 건너고 말았구나…'

사무실에서 긴박한 상황에 대응하고 있던 일본 외무성의 이시카네 기미히로 아시아대양주국장은 새벽 1시 15분에 중국대사관의 류

샤오빈 공사에게 전화를 걸었다.

"도대체 중국은 무슨 생각을 하고 있는 겁니까. 즉각 군함을 철수시키지 않으면 일본도 강력한 조치를 취할 수밖에 없습니다. 지금 일본 국내가 어떤 상황인지 류 공사가 누구보다 잘 알잖아요."

언제나 부드러운 태도를 잃지 않는 이시카네 국장의 상기된 목소리에 류 공사는 상황이 꽤나 심각하다고 느꼈다. 평소에는 가깝게 지내는 사이지만 지금은 달랐다.

"자기 수역에서 주권을 행사하는 게 무슨 문제가 되는지 모르겠네요. 아무튼 일본의 입장은 본부에 바로 전달하겠습니다."

류 공사로부터 통화 내용을 보고받은 청 대사는 아무래도 이 일은 그냥 전화로만 끝날 것 같지 않다는 예감이 들었다. 밤사이에 직접 일본 외무성으로 불려 들어가게 될지도 모르는 일이었다. 지금까지 일본이 이런 야심한 시간에 중국대사를 외무성으로 초치招致하는 일은 한 번도 없었다. 하지만 최근 아베 정권은 영토 문제에 단호한 자세를 보이라고 요구하는 여론의 압력을 받고 있었고 이런 문제에서 과거보다 훨씬 단호했다. 더욱이 센카쿠 수역에 중국 군함이 진입한 일은 전례가 없기 때문에 일본으로서도 그냥 넘어가기는 어려울 것이었다.

청 대사는 류 공사에게 심야에 외무성으로 초치될 경우 어떻게 대응하면 좋을지 베이징에 지급으로 훈령을 요청하도록 지시한 뒤,

연락이 오면 입고 나갈 양복과 넥타이부터 챙겼다. 주재국 정부가 들어오라고 부르면 만사를 제쳐놓고 일단 요청에 따라야 한다는 것을 청 대사도 오랜 외교관 생활을 통해 잘 알고 있었기 때문이다. 대사관저에서 편한 차림으로 있다가 새벽에 다시 양복을 차려입고 외무성으로 들어갈 생각을 하니 은근히 짜증이 났다. 그러나 외교적 마찰이 벌어졌을 때 상대국에 나가 있는 대사의 숙명이 으레 이런 것이려니 생각하며 마음을 가라앉혔다.

앞의 내용은 2016년 6월 9일 새벽 2시에 일본 외무성의 사이키 아키타카 사무차관이 청융화 주일 중국대사를 초치해 중국 군함의 센카쿠 수역 진입에 엄중히 항의했던 상황을 당시 언론 보도를 토대로 개인적인 상상을 덧붙여 재현해본 것이다. 나의 상상과는 다르게 사실은 일본 쪽이 류 공사에게 전화했을 때 잠시 후 대사를 초치할 예정임을 친절하게(?) 미리 알려주었을 수도 있다. '외교에서는 상대방이 놀라는 일이 없도록 해야 한다'는 말이 있듯이 이것이 외교적 예의에 더 맞는 시나리오이기는 하다. 반대로 일본 외무성은 류 공사에게 전화로 우선 항의하고 날이 밝으면 업무시간에 대사를 초치해서 정식으로 항의를 전하려 했는데, 총리실에서 아침까지 기다리지 말고 당장 불러들이라는 강경한 지침이 하달돼 할 수 없이 그렇게 했을 수도 있다.

이 사건은 알고 보면 이미 6년 전에 중국이 먼저 그 단초를 제공했다. 2010년 9월 7일 센카쿠 근처 수역에서 조업하던 중국 어선의 선장을 일본 해상보안청 순시선이 불법조업 혐의로 체포했다. 일본 쪽이 과거와는 달리 중국인 선장을 사법절차에 따라 엄하게 처리하려 하자 중국 쪽도 과거와는 다른 태도로 나왔다. 중국 정부는 선장이 체포된 직후부터 닷새 동안 4차례나 연속으로 니와 우이치로 주중 일본대사를 초치해서 항의한 데 이어, 일요일임에도 9월 12일 심야 0시에 다이빙궈 국무위원이 또 한 차례 니와 대사를 불러 강력한 항의를 전달했다.

이러한 중국의 행동에 일본 정부가 정식으로 유감을 표명한 것은 물론이고, 일본의 여론도 주말의 야심한 시간에 대사를 초치한 것은 몰상식한 외교 행태라고 격렬한 비판을 쏟아냈다. 당시의 상황을 인터넷으로 검색해보니 '중국이 새벽 1시(중국시간 0시는 일본시간으로 1시)에 일본대사를 불렀으니 우리는 새벽 2시에 중국대사를 불러내자'는 일본 네티즌의 댓글이 눈에 띄었다. 그로부터 6년이 지난 후에 실제로 일본 정부가 새벽 2시에 중국대사를 초치한 일이 벌어진 것인데, 이것을 우연이라고만 할 수 있을지 잘 모르겠다. 아무튼 결과적으로는 중국과 일본이 장군멍군 식으로 심야의 대사 초치라는 카드를 주고받은 셈이다.

야심한 시간에 외무성으로 불려 들어가서 자기 잘못도 아닌데

항의를 받는 것은 대사로서 정말 당황스럽고 불쾌한 일이다. 그러나 외교 현장에서 주재국 정부는 완전한 '갑'이고, 현지의 외국 대사관은 철저하게 '을'이다. 따라서 외교관들은 주재국 외교부와 좋은 관계를 만들도록 노력하는 것이 기본이다. 설사 마음에 들지 않는 일이 있더라도 싫은 내색을 하지 않고 원만한 관계를 유지해야 한다.

예를 들어 주재국 외교부로부터 갑자기 몇 시에 들어오라는 연락을 받으면 그 시간에 다른 일정이 있더라도 조정해서 그 시간에 맞추는 것이 바람직한 태도다. 실제로 외교부에서 급한 일로 외국대사를 불렀는데 마침 서울을 떠나 지방에 있는 경우가 있다. 이럴 때 대사들은 가능하면 지방 일정을 단축하고 급히 서울로 돌아와서 약속된 시간에 외교부로 들어간다. 상대방이 이렇게 성의 있는 태도를 보이면 아무래도 주재국 외교부로서도 좋은 인상을 갖게 되고, 그 후의 업무처리도 더욱 부드러워지는 게 인지상정이다.

물론 최소한의 시간 여유도 주지 않고 갑자기 들어오라고 하거나 새벽이나 심야 시간에 들어오라고 하는 상식에서 벗어난 요구에는, 대사관 쪽에서도 시간을 조정해달라고 요구하는 수도 있다. 이때는 갑자기 들어오라는 주재국 정부나, 시간을 바꾸어달라는 대사관 양쪽 모두가 상대방에 대한 불쾌감을 표시하기 위해서 일부러 계산된 행동을 하는 셈이다. 대사관이 가장 강하게 저항하는 방법은 못 가겠다고 버티는 것인데, 이것은 주재국 외교부의 권위에 정면으로 도전하는 극약 처방이나 다름없다. 대사관으로서도 본국 정부의 분명한 지시나 허가가 없는 한 사용해서는 안 되는 방법이다.

한중일 세 나라의 외교 스타일을 비교해보면, 우선 중국의 경우, 외국대사를 휴일이나 밤늦게 초치하는 일이 자주 있는 편이다. 2010년 2월 버락 오바마 미국 대통령이 중국 정부가 매우 불편하게 생각하는 인물인 달라이 라마를 면담하자 중국 외교부는 설 연휴 기간이었는데도 존 헌츠먼 주중 미국대사를 초치했다. 사이클링을 하며 연휴를 즐기던 헌츠먼 대사는 갑작스러운 연락을 받고 옷을 갈아입을 여유도 없이 사이클복 차림 그대로 외교부에 들어갔다고 한다. 2011년 9월에도 중국 외교부는 대만에 대한 미국의 무기판매에 항의하기 위해 밤늦은 시간에 게리 로크 주중 미국대사를 불러들인 적이 있다. 한국대사나 북한대사를 심야에 초치하는 일도 종종 있었다. 중국 외교는 자신들이 필요하다고 생각하면 외부의 비판에도 아랑곳하지 않고 밀어붙이는 거친 구석이 있다.

반면에 일본은 심야에 외국대사를 불러들인 적이 거의 없었는데 최근 들어 두 번이나 그런 일이 생겼다. 앞에서 소개한 중국대사 심야 호출 사건 이외에도 2016년 5월 19일 심야에 기시다 후미오 외상이 캐럴라인 케네디 주일 미국대사를 초치했다. 오키나와 주둔 미군 군무원의 일본 여성 살해 사건에 항의하기 위해서였다. 이례적으로 케네디 대사가 기시다 외상으로부터 항의를 받는 사진까지 공개한 것을 보면서 이제 일본도 예전과 달리 국내 여론을 상당히 의식하는 외교를 하는구나 하는 느낌을 받았다. 한국의 경우에는 내 기억으로는 밤늦게 외국대사를 불러들여서 외교적인 항의를 전달한 일은 없었던 것 같다.

주재국 정부가 반드시 좋지 않은 일로만 외국대사를 초치하는 것은 아니다. 때로는 각별한 협조의 뜻을 전하기 위한 경우도 있다. 연평도 포격 사건이 발생한 2010년 11월 23일 오후에 갑자기 일본 총리실로부터 센고쿠 요시토 관방장관이 권철현 주일대사를 만나고자 한다는 연락이 왔다. 당시 주일 한국대사관에 근무하던 나는 급히 필요한 조치를 취한 후 권 대사를 수행해 약속된 시간에 총리실 건물에 있는 관방장관실로 갔다.

일본에서 관방장관은 내각 서열 2위로 한국의 대통령 비서실장과 국무조정실장에 정부 대변인 역할까지 담당하는 막강한 자리다. 게다가 센고쿠 관방장관은 민주당 정권의 실세였다. 그는 일본 정부로서도 북한의 도발을 결코 용납할 수 없으며 한국과 긴밀히 협조해 대처해나가겠다고 말했다. 그리고 이러한 일본 정부의 입장을 한시라도 빨리 한국에 전달하는 것이 좋겠다고 판단해서 공휴일 저녁 시간임에도 권 대사를 불렀다는 설명을 덧붙였다. 비상상황에서 우방국이 이처럼 협조하는 자세를 보여주는 것은 정부 입장에서는 외교적으로 큰 자산이 아닐 수 없다.

마침 일본의 공휴일이었던 그날 나는 갑자기 연락을 받고 청바지 차림으로 대사관으로 나갔다. 짙은 남색 블레이저 상의를 걸치고 있었으니 그나마 다행이지만 청바지를 입은 채로 주재국의 총리실에 들어가려니 마음이 편하지는 않았다. 그래도 사이클복 차림으로 중국 외교부에 들어갔던 미국대사보다는 낫지 않았나 싶다.

"한국은 거짓말할 줄 모르잖아요"의 속뜻

외교관과 거짓말

외교관은 실제로 거짓말을 할까? 거짓말을 한다면 어떤 식으로 할까? 사람들이 이런 궁금증을 갖는 것은 지금으로부터 400년쯤 전에 유럽의 어느 외교관이 내뱉은 '대사란 자국의 이익을 위해서 외국에 거짓말을 하도록 파견된 성실한 인간이다'라는 한마디 말 때문일지도 모르겠다. 외교관이라고 하면 국제무대에서 권모술수를 구사하면서 거짓말도 밥 먹듯이 하고 다니는 인간들처럼 느껴질지도 모르겠다. 적어도 내가 경험한 범위 내에서는 외교협상에서 한국이 상대국에 거짓말을 한 적은 없었다. 나 스스로도 거짓말을 하지 않았을 뿐 아니라, 한국 대표단의 수석대표나 나의 상사가 거짓말하는 것을 옆에서 본 적도 없다. 그럼 상대방이 거짓말하는 것을 본 적은 있느냐고 묻는다면, 나의 대답은 '몇 번 있다'이다.

2004년 말에 한국이 일본의 김 수입 쿼터 제도를 부당한 수입 규제라고 하여 세계무역기구(WTO)에 제소한 일이 있었다. 일본은 그때까지 40년 가까이 한국으로부터의 김 수입 물량을 240만 속(1속은 100장) 수준으로 묶어두었다. 매년 일본 정부에 쿼터 물량을 늘려달라고 끈질기게 요구했지만 통하지 않아서 결국 제소라는 강경 수단을 동원했던 것이다.

만일 승소해서 김 수입 쿼터 제도를 철폐시키면 물량에 제한받지 않고 일본에 김을 수출할 수 있게 된다. 그렇지만 한국은 일본에 현실적인 대안도 함께 제시했다. 수입 쿼터를 10년간 단계적으로 1500만 속까지 늘리기로 약속한다면 언제라도 제소를 취하할 수 있다는 타협안이었다. 그로부터 몇 개월이 지난 뒤 일본 쪽 담당자가 통상교섭본부에서 이 업무를 담당하던 나를 찾아왔다.

여러 가지 현안에 대해서 이야기를 나누던 중에 내가 1500만 속이라는 타협안을 다시 한 번 설명하자 상대방은 '그런 좋은 제안이 있었느냐?'면서 마치 처음 듣는 듯한 반응을 보였다. 어이가 없어서 말문이 막혔다. 몇 달 전 공식회의 자리에서 한국 쪽이 타협안을 분명히 밝혔기 때문이다. 사무실에 돌아와서 전문보고를 다시 확인해봤더니 도쿄의 한국대사관에서 그 사람을 직접 만나 자세히 설명했다고 기록돼 있었다. 혹시나 싶어서 도쿄로 전화를 걸어 재차 확인도 했다. 이렇듯 분명히 전달받은 말까지도 들은 적이 없다고 오리발을 내미니 협상이 제대로 되겠나 싶었다.

도대체 일본은 왜 뻔히 드러날 거짓말을 했을까? 나중에 그 이유를 알게 되었다. 일본 정부는 그러잖아도 김 수입 쿼터 제도가 자유무역의 취지에 맞지 않는다고 국제적으로 비판받는 것이 부담스럽던 상황에서 한국의 제소를 핑계 삼아 그 제도 자체를 폐지하려 했다. 그러기 위해서는 일본 국내의 김 생산업자들에게 한국이 WTO에서 결판을 내자고 고집하기 때문에 일본 정부로서도 어쩔 수 없다고 설명해야 하는데, 만일 1500만 속이라는 타협안이 존재한다는 사실이 알려지면 곤란한 처지가 될 터였다. 이런 이유로 국내에서 이를 철저히 숨기고 있었고, 한국에도 의도적으로 들은 적이 없다는 입장을 취했던 것이다. 이런 배경을 알고 나니 상대방의 행동에 이해가 가는 면도 있었다. 하지만 아무리 그래도 안면몰수하고 딱 잡아떼는 데는 적지 않게 분개했던 것도 사실이다.

2001년에 취임한 고이즈미 준이치로 일본 총리는 일본 정계에서 이단아와도 같은 존재였다. 우선 장발의 헤어스타일부터 보통의 정치인들에게서는 찾아볼 수 없는 모습이었다. 저녁에는 요정에서 술을 마시며 인맥을 쌓고 정치적 거래를 하는 것이 보통이던 시절에도 일찍 집에 들어가 혼자서 와인을 마시며 오페라를 듣는 것이 취미였다. 자민당의 파벌정치가 한창이던 시절에 정치에 입문해서 5대 파벌 중 하나인 후쿠다파에 몸담고 있기는 했지만, 엄격한 선후배 관계 속에서 자기 세력을 키우는 스타일이 아니라 고독하게 자기 개성을 지키는 독불장군 같은 사람이었다. 이런 특이한 개성의 소유자가 총리의 자리에 올랐다는 사실만으로도 일본 정치에서는 커다란 이변이었는데, 5년 반이나 장기집권하면서 1945년 이후 네 번째로 장수한 총리까지 되었으니 엄청난 시운을 타고났다고 할 수 있다.

고이즈미는 국내적으로는 '대통령적 총리'라고 불릴 정도로 강한 장악력을 발휘했지만, 대외적으로는 매년 야스쿠니신사 참배를 고집하는 바람에 한국이나 중국과의 관계가 원만하지 못했다. 이러한 상황에서 고이즈미의 한국 방문 계획이 잡혔다. 양국 외교부가 준비에 착수했고, 당연히 초점은 그가 한국에서 과거 역사에 대해 어떻게 발언할 것인지에 맞춰졌다.

도쿄의 한국대사관에 근무하던 나는 양국 외교부의 담당 간부가 만나서 저녁식사를 하며 업무협의를 하는 자리에 참석하게 되었다. 한국 쪽은 총리가 과거사에 대해 어떻게 발언할지 일본 외무성이 전에 제시했던 내용을 재차 확인하려 했다. 그런데 일본 쪽은 그때 제시했던 내용은 어디까지나 외무성이 실무 선에서 준비하는 초안일 뿐이며 실제 발언 내용은 총리가 직접 결정할 것이기 때문에 미리 알 수 없다고 했다. 한국 쪽이 지난번과는 이야기가 다르지 않냐며 납득하기 어렵다는 반응을 보이자, 일본 외무성 간부는 "지난번에도 지금과 똑같은 의미로 이야기했는데, 만일 한국 측이 다르게 받아들였다면 그것은 전적으로 나의 설명 능력이 부족했던 탓"이라고 답했다. 말하는 내용이 논리적인데다 그 태도가 매우 진지하고 정중해서 옆에서 지켜보던 나는 한국 쪽이 뭔가 오해를 하고 있다는 느낌이 들 정도였다. 나중에 전후 사정을 잘 아는 선배에게 물었더니, 분명히 일본 쪽이 지난번에는 총리가 실제로 그렇게 발언할 것이라는 전제로 설명했는데 이제 와서 말을 바꿨다고 했다.

의원내각제의 일본은 전통적으로 관료집단의 힘이 굉장히 강하다. 특히 외교 문제에서 총리나 외상은 외무성 관료들이 작성해준 원고를 그대로 읽는 경우가 대부분이다. 그러나 고이즈미는 달랐다. 관료들의 신중론에도 아랑곳하지 않고 매년 야스쿠니신사 참배를 고집한 사실에서도 보듯이 자기 의견이 강했다. 외교 행사에서도 외무성이 써준 원고는 어디까지나 참고자료일 뿐이고 실제 발언 내용은 총리가 직접 결정한다는 것이었다. 아마도 애초에 일본 외무성은 자기들이 만든 발언 원고를 총리실이 그대로 수용해줄 것으로 생각하고 한국 쪽과 협의했는데, 나중에 총리실에 보고하는 과정에서 생각대로 되지 않았던 모양이다. 그러다보니 한국 쪽에 사정을 다시 설명하기가 난처해진 것이다.

외무성의 입장에서는 '사실은 총리실에 올리면 그대로 통과되는 게 관례라서 지난번에 그렇게 말했는데, 한국 측도 잘 알다시피 고이즈미 총리의 개성이 워낙 강해서 그대로 되지 않은 것이니 이해해달라'고 하면 훨씬 편할 수도 있다. 그런데 총리실 핑계를 대는 대신에 자신의 설명 능력이 부족했기 때문이라니, 설사 그것이 거짓말일지라도 그 사람을 비난할 수는 없겠다는 생각이 들었다. 거짓말을 하더라도 이런 종류라면 조금 품위가 있어 보인다고나 할까.

외교 현장에서 무엇이 거짓말인지를 정확하게 판단하는 것은 사실 쉬운 일이 아니다. 앞에서 소개한 것처럼 분명히 했던 이야기를 들은 적이 없다고 한다든지, 지난번과는 일치하지 않는 이야기를 하는 경우는 이유야 어찌되었든 분명히 거짓말이라고 할 수 있다. 그러나 때로는 말하는 당사자는 거짓말이 아니라고 생각하지만 상대방은 거짓말로 받아들일 수밖에 없는 경우도 있다. 이럴 때는 거짓말인지 아닌지 애매해진다.

냉전시대에 소련은 핵무기를 선제사용하지 않는다는 방침을 대외적으로 선언했다. 그러나 냉전 종식 후에 발굴된 문서에 따르면 실제로는 비밀리에 핵무기의 선제사용이 가능한 상태를 유지하고 있었다고 한다. 소련이 거짓말한 것이라고 해석할 여지는 충분히 있다. 미국이 냉전시대나 지금이나 일관되게 핵무기 선제사용 포기를 수용하지 않는 데는 이러한 배경이 있다. 어느 나라가 핵무기 선제사용의 포기를 선언하더라도 그 실효성이 담보되지 않는다면 의미가 없다는 것이다.

반대로 소련의 입장에서는 경쟁국인 미국이 선제사용을 포기하지 않는 상황에서 스스로 선제사용의 가능성까지 제거해버릴 수는 없었을 것이다. 소련이 선제사용 가능 상태를 유지하고 있긴 했지만, 어디까지나 만일의 경우에 대비한 보험일 뿐이고 핵무기 선제사용 포기라는 방침 자체는 확고했다면, 그들의 입장에서는 거짓말이라는 의식이 없었을지도 모른다.

단 한 번뿐인 협상이라면 수단 방법을 가리지 않고 이기는 게 최고라는 생각이 들 수도 있다. 때로는 거짓말을 해서라도 목적을 이루고 싶을 수도 있다. 그러나 상대 국가가 곧 사라져버리기라도 한다면 모를까, 좋든 싫든 상대국과의 외교관계는 오래도록 지속될 수밖에 없다. 처음 한두 번은 거짓말이 통할 수도 있겠지만, 장기적으로 볼 때 현명한 협상 수단이 되지 못한다.

게다가 사람 사는 세상이 다 그렇지만 외교관의 세계는 특히 평판으로 먹고사는 곳이다. 한두 다리 건너면 다 연결된다. 외교부의 동료들로부터 인물평을 들어보면 대개 그 사람이 어떤 스타일인지 알 수 있다. 해외공관에 근무하는 후배가 새로 부임한 어느 나라 외교관과 인사를 나누었는데 몇 년 전에 서울에서 근무한 적이 있다고 했다. 혹시나 해서 이름을 물었더니 과거에 서울에서 나의 업무 상대였던 바로 그 사람이었다. 내가 후배에게 그의 성격이나 취미, 함께 일하면서 느꼈던 장단점까지 자세하게 이야기해주었음은 물론이다. 후배는 내색은 하지 않겠지만 내게서 들은 인물평을 염두에 두고 그 사람을 대할 것이다. 이렇게 남으로부터 전해 듣는 평판이 중요한 구실을 하는 외교관의 세계에서 거짓말은 그리 쉽게 써먹을 수 있는 협상 수단은 아니다.

친하게 지내는 외국 학자와 여러 나라의 외교 스타일을 비교하는 이야기를 하던 중에 그 사람이 "한국은 거짓말할 줄 모르잖아요"라며 웃었다. 나는 한국이 외교협상에서 거짓말하는 것을 본 적은 없지만, 거짓말을 하지 않기 때문에 신뢰할 수 있다는 것과 감추어둔 전략도 없이 그저 솔직하기만 하다는 것은 전혀 다른 이야기다. 외국 학자의 그때 그 말은 과연 어느 쪽이었을까?

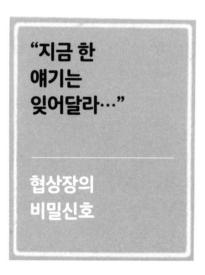

　　　　　　　"지금부터 하는 말은 기록하지 않
았으면 좋겠습니다." 테이블에 마주 앉은 상대측 수석대표가 불
쑥 꺼낸 한마디에 우리 대표단의 귀가 쫑긋해졌다. 우리 측 수석
대표의 좌우에 앉아 열심히 상대방의 발언을 받아 적던 실무자들
의 손이 노트 위에서 멈추었다. '어떻게 할까요?' 하는 눈길로 바
라보는 실무자들에게 우리 측 수석대표가 짧게 고개를 끄덕였다.
실무자들은 손에 쥐고 있던 펜을 테이블 위에 내려놓았다.

우리 측이 메모를 중단한 것을 확인한 상대측 수석대표가 자기 쪽 실무자들에게도 "지금부터는 우리도 기록을 하지 마세요"라고 말했다. 양측 대표단이 모두 펜을 내려놓았다. 회의장의 시선이 일제히 상대측 수석대표에게 쏠렸다. 굳이 기록을 하지 말라고 하면서 대체 무슨 이야기를 꺼내려는 걸까.

외교에서 기록은 생명과도 같다. 영어로 외교를 뜻하는 diplomacy라는 단어가 공문서나 졸업증서를 의미하는 diploma에서 유래되었다는 사실을 보더라도 외교에서 기록이 얼마나 중요한지 알 수 있다. 외교관이 된 뒤 처음으로 받는 훈련이 바로 상대방과의 대화 내용을 기록으로 정리하는 것이다. 초년병 시절에는 직접 외국의 외교관과 교섭할 일이 별로 없다. 선배나 상사가 외빈과 면담할 때 옆자리에 앉아서 대화 내용을 기록하거나, 회담장 말석에 앉아 양측의 발언을 기록하는 일을 맡는 것이 보통이다.

첫째 원칙은 최대한 빠뜨리지 않고 발언 내용을 다 적는 것이다. 마치 속기사가 된 듯이 신경을 집중해서 빠른 속도로 적어 내려간다. 그러나 전문 속기사가 아닌 이상 손으로 적는 속도가 말하는 속도를 따라갈 수 없는 것은 당연하다. 그래도 기를 쓰고 받아 적어야 한다. 통역을 사용하는 대화라면 사정이 조금 나아진다. 한쪽의 발언이 끝나고 통역이 진행되는 사이에 미처 다 받아 적지 못한 내용을 마저 메모할 짬이 생기기 때문이다. 기록자가 양쪽 언어를 다 이해하는 경우라면 더욱 여유가 생긴다. 똑같은 내용을 두 번 반복해 들으면서 꼼꼼히 기록할 수 있기 때문이다.

이렇게 메모한 내용을 가지고 정식 회담기록이나 면담기록을 만든다. 인사말까지 포함하여 모든 대화를 정리한 기록이므로 분량이 많지만, 정확한 발언 내용을 확인하는 데 매우 중요한 자료다. 이와 별도로 회담이나 면담이 끝난 뒤 핵심을 중심으로 간략하게 요약한 결과 보고서를 작성한다. 길고 상세한 발언 가운데 어떤 부분이 중요한지 골라내려면 관련 내용을 숙지하고 있어야 하고 경험과 요령도 필요하다. 초년병 시절에는 중요한 내용을 빠뜨리기도 하고 요약하는 기술도 서툴기 마련이다. 미흡한 부분은 결재를 받는 과정에서 상사들의 첨삭을 통해 보완하면서 보고서의 완성도가 높아진다.

이처럼 기록을 중시하는 외교 현장에서 일부러 '기록하지 말아 달라'고 조건을 다는 것은 왜일까? 한 마디 한 마디가 모두 기록으로 남고, 30년이 지난 뒤에는 대중에게까지 공개된다고 생각하면 아무래도 발언하는 데 신경이 쓰이게 된다. 조금이라도 유연성을 보여 자국의 기존 입장으로부터 양보하는 듯한 발언을 한 것이 기록에 남으면 나중에 난처해질 수도 있다. 그래서 상대방이 받아들이든 말든 철두철미하게 자국 입장에 충실한 내용만 발언하게 되는 것이다. 교섭은 진전되기 어렵겠지만 최소한 자기의 책임 문제가 불거질 위험은 없다.

　양측 입장이 평행선을 달리는 상황에서 협상의 물꼬를 트려면 어느 쪽이든 한쪽에서 먼저 유연한 자세를 보여야 한다. 양쪽 모두 곧이곧대로 기존 입장만 앵무새처럼 반복해서는 교섭이 타결될 수 없다. 타결의 실마리를 찾기 위해서 큰맘 먹고 유연한 자세를 보이고 싶은데 발언 내용이 기록으로 남는 게 부담스러울 때, '기록에 남기지 말아달라'고 전제하고 나서 본론을 꺼내는 방법을 사용하기도 한다.

　그러나 아무리 기록하지 말아달라고 해도 실제로 기록을 하지 않는 경우는 없다. 현장에서는 상대방의 부탁도 있고 하니 기록을 하지는 않지만, 발언 내용을 외우거나 요점만이라도 메모해둔다. 상대측에 보이지 않게 테이블 밑에서 메모하기도 하고, 회담자료를 뒤적이는 척하면서 띄엄띄엄 키워드를 적어놓는 등 여러 방법이 사용된다. 이렇게 메모해둔 내용을 가지고 나중에 상세한 회담기록으로 정리한다. 심지어는 상대방이 기록하지 말아달라고 전제했다는 설명까지 덧붙여두기도 한다.

　'기록하지 말아달라'고 말을 꺼낸 사람도 자신의 발언이 모두 기록으로 남을 것임을 잘 알고 있다. 그럼에도 그렇게 말하는 것은 '지금부터 꺼내는 이야기는 기록에 남으면 내가 곤란해질 수 있을 정도로 솔직한 이야기라는 점을 알아달라'는 뜻이다. 다시 말하면 더 이상 평행선을 달리는 이야기만 반복하지 말고 서로 한번 터놓고 솔직하게 이야기해보자는 제스처라고 할 수 있다. 내가 어느 정도 위험을 감수하면서 솔직하고 유연하게 이야기해볼 테니 당신도 한번 솔직하게 이야기해달라, 그렇게 해서 이 문제의 실마리를 풀어보자는 뜻이다.

1972년 1월 7일 미일 정상회담 자리에서 리처드 닉슨 대통령은 1970년 3월 발효된 핵확산금지조약(NPT)에 일본이 가입하는 문제와 관련하여 사토 에이사쿠 총리에게 "(일본 국회의) 비준작업에 시간이 더 걸려도 상관없다. 잠재적인 적국에 걱정거리를 안겨주는 편이 좋다"고 말했다. 일본이 조속히 핵확산금지조약을 비준해주기 바란다는 말이 나올 것으로 예상했는데 오히려 시간이 더 걸려도 상관없다고 하니 뜻밖이었다. 제2차 세계대전의 패전국임에도 세계적인 과학기술 수준을 가진 일본은 언제라도 마음만 먹으면 핵무장을 할 수 있는 충분한 잠재력을 보유하고 있었다. 그런 일본이 하루속히 핵확산금지조약에 가입해 독자적인 핵무장을 포기하는 자세를 분명히 보여주는 것이 전세계에 핵확산금지 체제를 확립하려는 미국의 이익에도 부합했다.

그럼에도 미국이 일본에 핵확산금지조약 비준을 서둘지 말라면서 모순되는 태도를 보인 이유는 무엇일까? 일본이 핵무장을 하게 되면 중국이나 소련을 비롯한 주변국들이 가장 긴장할 수밖에 없다. 일본이 핵무장의 가능성을 남겨둠으로써 중국이나 소련이 긴장을 늦추지 못하도록 하는 편이 미국에 더 유리하다고 본 것이다. 당시 닉슨 대통령은 불과 1개월 뒤에 역사적인 중국 방문을 앞두고 있었기 때문에 대중국 외교에서 유리한 입지를 확보하려는 속셈도 있었다. 그래서 사토 총리에게 "잠재적인 적국에 걱정거리를 안겨주는 편이 좋다"는 표현을 사용함으로써 이러한 의도를 솔직하게 밝혔던 것이다. 겉으로 드러나는 미사여구와는 무관하게 실제로는 냉철한 국익 계산에 따라서 움직이는 강대국 외교의 실상을 그대로 보여준 셈이다.

한편으로는 핵확산금지조약 가입국을 늘려 하루속히 핵확산금지 체제를 확립하려 하고, 다른 한편으로는 일본의 조약 비준을 늦추려는 이중적인 자세가 스스로도 멋쩍었는지, 닉슨 대통령은 한마디 덧붙이는 것을 잊지 않았다. "그런데 지금 한 이야기는 잊어달라." 아무리 상대방이 잊어달라고 해도 정상회담 자리에서 나온 말을 그냥 한쪽 귀로 듣고 흘려버릴 수는 없는 일이다. 일본 측 대표단은 닉슨 대통령의 발언을 "지금 한 이야기는 잊어달라."고 한 부분까지 포함해 모두 기록으로 남겼고, 최근의 외교문서 공개에 따라 이러한 내용이 언론에도 보도되었다.

때로 '이 이야기는 전적으로 나의 개인적인 아이디어일 뿐이며 아직 정부 내에서 정식으로 논의되지 않았다'면서 유연한 제안을 내놓는 경우도 있다. 그리고 만에 하나 이 이야기가 외부로 흘러나가서 기자들이 질문을 해온다면 그때는 그런 제안을 한 적이 없다고 부인할 것이라는 말까지 덧붙이기도 한다. 이때도 개인적인 아이디어라고 말은 하지만 실제로는 이미 어느 정도 내부에서 검토를 끝낸 경우가 많다. 아무리 비공식적인 자리라고 해도 최소한의 검토조차 하지 않은 아이디어를 불쑥 상대국에 제안하는 일은 없다. 국내의 반대를 무릅쓰고 융통성을 발휘하여 어렵게 낸 제안인데 만일 상대측에서 수용하지 않으면 국내의 반대파들로부터 공격만 받게 된다. 자칫 이러한 제안을 했다는 사실이 보도되면 국내 여론으로부터 뭇매를 맞을 위험도 있다. 이럴 경우에 조심스럽게 상대방의 반응만 먼저 타진해보기 위해 '개인적인 차원의 아이디어'라면서 운을 떼는 것이다.

기록하지 말라든지, 잊어달라든지, 전적으로 개인적인 아이디어라든지, 또는 이 이야기는 없었던 것으로 하자라든지 하는 말들은 모두 외교교섭에서 보다 솔직한 소통을 위해 동원하는 다양한 방법이다. 그러나 자칫 모든 것을 기록으로 남기고 투명하게 공개한다는 원칙에 어긋나는 것이 아닌가 하는 지적이 나올 수도 있다.

한때는 외교무대에서 강대국들 사이에 음흉한 거래가 난무하던 비밀외교의 시대가 있었다. 한국에 대한 일본의 지배를 미국이 승인한 것으로 악명 높은 1905년 7월의 가쓰라-태프트 밀약이 대표적이다. 러일전쟁에서 일본의 승리가 굳어지던 시점에 맺어진 이 밀약에서 일본은 미국의 필리핀 점령에 도전하지 않을 것을 약속했다. 미국은 일본이 한국에 대한 보호권을 갖는 것이 동아시아의 안정에 기여한다면서 4개월 뒤의 을사늑약 체결을 사실상 지지하는 입장을 밝혔다.

제1차 세계대전이 끝난 뒤 비밀외교의 폐해에 대한 반성이 대두되었고 국제연맹 규약에서는 드디어 공개외교의 원칙이 채택되기에 이르렀다. 그러나 여기서 말하는 공개외교란 국가 간에 체결된 모든 조약과 협정의 내용을 공개하라는 뜻이지 그 교섭의 과정까지 공개하라는 뜻은 아니다. 국제연맹 규약이 포함된 베르사유 강화조약 자체도 조약의 내용은 모두 공개되었지만 그 교섭 과정은 역사상 유례없이 철저하게 비밀이 유지되고 있다.

소시지 만드는 과정과 국회에서 법안을 통과시키는 과정은 보지 않는 편이 낫다는 말이 있다. 정치의 이면에는 수많은 타협과 거래가 뒤따른다. 오늘날엔 외교교섭의 결과가 공개되는 것은 물론이고 교섭 과정도 일정 부분 공개되어야 마땅하다. 하지만 외교교섭의 현장에서 외교관들이 유연성을 발휘해 타협을 이끌어 낼 수 있을 정도의 재량은 허용될 필요가 있다. 상호 양보와 타협이 곧 정치와 외교의 본질이기 때문이다.

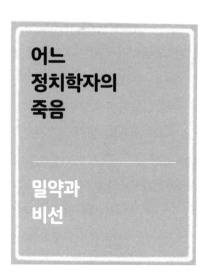

어느
정치학자의
죽음

밀약과
비선

외교관으로 일하면서 일본 정치
의 격동의 순간을 여러 차례 지켜볼 기회가 있었다. 그중에서도
가장 기억에 남는 장면은 2009년 9월 민주당으로의 정권교체다.
1955년에 탄생한 자민당 정권은 1993년 8월부터 11개월간 야당
에 정권을 내준 것을 제외하고는 54년 동안 세계적으로도 유례가
없는 장기집권을 이어가고 있었다. 그런 자민당 정권이 힘없이
무너졌으니 일본 전국이 흥분의 도가니에 빠진 것은 당연한 일이

었다.

한국 정치와 비교하자면 1993년 김영삼 대통령이 군사정권을 종식시키고 문민정부를 출범시킨 직후와도 같은 분위기였다. 자민당의 집권 기간 동안 굳어버린 관행과 구태를 훌훌 털어내고 새로운 정책을 펼쳐주기를 바라는 기대감이 충만했다.

새로 출범한 민주당 내각에서 외상으로 발탁된 오카다 가쓰야는 2009년 9월 16일 외무성에 들어서자마자 야부나카 미토지 사무차관에게 미일 간의 '밀약'을 조사하라는 명령서를 전달하는 것으로 첫 번째 일정을 시작했다. 신임 각료가 처음 출근하면 먼저 사무차관 이하 주요 간부들과 상견례를 겸하여 인사를 나눈 뒤 기자회견을 하는 것이 그때까지의 관례였다. 그런데 오카다 외상은 A4용지 한 장에 인쇄된 조사명령서를 사무차관에게 전달하는, 딱딱하고 긴장된 의식으로 업무를 시작한 것이다. 이를 지켜보던 외무성 간부들은 물론 출입기자들도 이제 자민당 정권 때와는 다른 세상이 시작되었음을 피부로 실감할 수 있었다.

오카다 외상이 조사를 지시한 밀약 가운데 하나는 유사시 미군의 핵무기 반입에 관한 것이었다. 주권이 미국에서 일본으로 돌아가기 이전, 오키나와는 미군의 핵무기가 많을 때는 1200발이나 배치되었을 정도로 핵전략에서 매우 중요한 위치를 차지했다. 1960년대 후반에 본격화된 오키나와 반환 교섭에서 일본은 미국이 모든 핵무기를 철수한 상태로 반환할 것을 요구했다. 미국은 일단 일본의 요구에 동의했지만 유사시에는 미군이 언제든 다시 오키나와에 핵무기를 반입할 수 있도록 일본이 보장해주기를 원했다.

현실적으로 미국의 핵우산에 의존하던 일본의 입장에서 이를 거부하기는 어려웠기 때문에 대외적으로 공개되지 않는 밀약의 형태로 문제를 처리하는 방법을 선택했다. 1969년 11월 개최된 미일 정상회담에서 사토 에이사쿠 총리는 회담 도중 양쪽 대표단을 남겨둔 채 리처드 닉슨 대통령과 둘이 잠시 옆방으로 자리를 옮겨 미국이 원하는 대로 유사시 오키나와에 핵무기 반입을 허용한다는 합의의사록에 서명했다. 이날 정상회담에서 공식적으로 합의된 내용들은 공동성명으로 발표되었지만, 별도로 체결된 비밀 합의의사록은 공개되지 않았다.

그 뒤 오랫동안 언론과 학계에서 이러한 밀약의 존재 가능성이 지적되어왔으나, 일본 정부는 일관되게 이를 부정하는 입장을 취했다. 핵무기의 제조와 보유, 반입을 금지하는 '비핵 3원칙'을 대외적으로 천명했기 때문에 일본 정부가 어쩔 수 없이 거짓말을 하고 있는 것이 아니냐는 의구심이 점점 확산되었다. 정부에 대한 이러한 불신감은 국익에 도움이 되지 않는다고 판단한 오카다 외상이 진상조사를 명령했던 것이다. 조사 결과는 6개월 뒤인

2010년 3월 9일 발표되었고 일본 정부는 처음으로 밀약의 존재를 인정했다.

밀약이라고 하면 한국에서는 1962년 11월 12일 박정희 정권의 실세였던 김종필 중앙정보부장이 오히라 마사요시 일본 외상과 청구권 자금의 총액 규모에 합의한 '김-오히라 메모'가 가장 유명했는데, 2005년 8월 한국 정부가 한일회담 교섭 문서를 전면 공개하면서 드디어 그 존재가 외부로 드러났다.

그 밖에 최근에도 한일 간의 독도밀약설이 화제가 된 적이 있다. 정치경제학자 노다니엘은 《독도밀약》이라는 책에서 국교정상화를 앞둔 한일 양국이 1965년 1월 독도 문제는 '해결되지 않은 것이 곧 해결을 의미한다'는 내용의 밀약을 맺었다고 주장했다. 박건석 범양상선 회장의 서울 성북동 자택 안에 있는 홈 바에서 정일권 국무총리와 김종락 한일은행 전무(김종필 전 총리의 친형)가 일본 쪽 밀사인 우노 소스케 의원을 만나 A4용지에 타이핑된 4개 항에 합의했다면서 당시 상황을 매우 구체적으로 묘사하고 있다. 밀약의 4개 항목에는 한일 양국이 서로 독도 영유권을 주장할 수 있고, 이에 대해 상대방이 반론을 제기하는 것에 이의가 없으며, 한국은 독도의 현상을 유지하는 동시에 경비 병력을 증강하거나 새로운 시설을 건설하지 않는다는 내용이 포함되어 있다고 한다. 독도에 관한 양국 정부의 행동을 보면 일부 이에 부합

(왼쪽) 1962년 2월 21일 도쿄에서 김종필 당시 중앙정보부장(왼쪽)이 오히라 마사요시 일본 외상을 만나 회담하고 있다. 두 사람은 이 회담에서 양국 국교정상화를 위한 청구권 자금의 총액 규모를 비밀리에 합의했다.

(오른쪽) 1962년 11월 12일 한일회담 청구권 규모 합의에 관한 '김-오히라' 메모.

Top Secret 62 1. 12.

1. 無償ヲ [Ⅰ급비밀 TOP SECRET]
Korea側ハ 3.5億弗 (O.A含む)
Japan側ハ 2.5億弗 (O.A不包含)
之ヲ両者デ 3億弗 (O.A包含)ヲ
10年期間. 但 繰上條件デ (6〜10年
マデハ可能) 両首脳ニ建議スル

2. 有償ヲ (海外經濟協力基金)
Korea側ハ 2.5億弗
(利子ハ 3分以下 7年据置. 20〜30年)
Japan側ハ 1億弗
(利子ハ3.5分. 5年据置. 20年)
之ヲ両者デ 2億弗, 10年期間
利子ハ3.5分. 但 繰上可能條件(6〜10年)
据置7年, 20年デ両最高首脳ニ
建議スル

2137 [Ⅰ급비밀]

Top Secret [Ⅰ급비밀 TOP SECRET]

하는 면이 있기는 하지만 밀약의 내용은 아직까지 공식적으로 확인된 적이 없다.

밀약의 존재 여부는 그 특성상 마지막까지 확인되지 않는 경우가 대부분이다. 1972년 중일 국교정상화 당시 양국 간에 센카쿠 열도의 영유권 분쟁에 관하여 일단 현상을 유지하면서 미래 세대가 문제를 해결하도록 하자는 밀약이 있었다는 주장이 나오고 있으나, 중국 정부는 이를 강력하게 부인하고 있다. 야스쿠니신사 참배 문제에 관해서도 1980년대에 중국과 일본 사이에 최소한 일본의 총리, 관방장관, 외상의 참배는 자제한다는 밀약이 있었다고 하는데 일본 쪽이 강하게 부인하고 있다.

독도밀약의 핵심 관계자로 지목된 김종락은 언론 인터뷰에서 1980년 전두환의 신군부 등장 이후 부정축재 등의 명목으로 김종필, 이후락 등 박정희 정권의 실세들이 체포되는 것을 보고 신변에 위협을 느껴서 밀약 문서를 불태워버렸다고 밝혔다. 그의 말대로 원본 문서가 사라져버렸다면 밀약의 존재 여부를 확인하는 것은 불가능해 보인다. 독도밀약이 과거에 실제로 존재했든 아니든, 나는 외교부에서 일본 관련 업무를 담당하면서 독도밀약에 관한 이야기는 한 번도 들은 적이 없다. 업무 자료 중에서 그러한 내용을 본 적이 없음은 물론이고, 선배나 상사로부터 그 명칭이나 합의 내용을 전해 들은 적도 없다.

만일 독도밀약이 후대에 승계되어야 할 정도로 중요했다면 원본 문서의 소각과 관계없이 그 내용은 외교 담당자들에게 어떤 형태로든 인수인계되었을 것이다. 또한 한일 국교정상화 당시의 이동원 외무장관이나 김동조 주일대사가 밀약의 존재를 모르고 있었다는 사실에서 볼 때, 설사 독도밀약이 존재했다고 해도 정부 간의 공식 협상을 능가할 정도로 중요하지는 않았을 것이다.

밀약에는 비선의 개입이 불가피한 경우가 많다. 앞서 소개한 오키나와 핵무기 반입 밀약에는 당시 교토산업대학 교수이던 39세의 국제정치학자 와카이즈미 게이가 사토 총리의 밀사로 활약했다. '요시다'라는 암호명으로 활동한 와카이즈미는 백악관의 헨리 키신저 안보보좌관을 상대로 비밀접촉을 거듭하여 닉슨-사토 비밀 합의의사록을 만들어냈다. 국민적인 염원인 오키나와 반환을 성사시키려면 밀약 체결밖에는 방법이 없다고 생각한 그는 훗날 핵무기 반입을 초래한 역적으로 낙인찍힐지도 모른다는 위험을 무릅쓰면서 동분서주했다.

1972년 오키나와 반환이 실현된 뒤 낙향해 일체의 대외활동을 자제하던 와카이즈미는 미일 동맹과 미국의 핵우산에 안이하게 의존하며 안전보장 문제에 대한 진지한 고뇌를 잊은 채 경제대국이라는 달콤한 현실에 자족하는 일본의 모습에 절망하기 시작했다. 주권국가로서의 긍지를 잊어버린 일본 사회에 각성을 촉구하

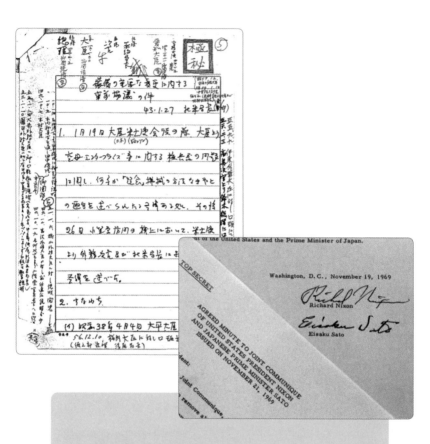

(왼쪽) 일본 외무성 간부들이 역대 총리나 외상에게 핵무기 반입 밀약에 관해 설명한 기록이 담긴 문서(일본 외무성 누리집).

(오른쪽) 리처드 닉슨 미국 대통령과 사토 에이사쿠 일본 총리는 1969년 11월 양국 정상회담에서 "유사시에 오키나와에 핵무기를 반입한다"는 내용의 비밀 합의의사록에 서명했다.

기 위해서는 자신이 관계했던 밀약의 존재를 공개하는 수밖에 없다고 생각하고, 1994년 《달리 방법이 없다고 믿었다》라는 제목의 책을 출판하여 비밀 교섭의 전모를 상세히 밝혔다. 그는 무덤까지 가져가야 했던 밀약을 공개한 데 책임을 진다는 의미에서 1996년 7월 지인들이 지켜보는 가운데 청산가리를 먹고 자살했다.

촉망받던 젊은 국제정치학자를 비극적인 죽음으로 몰아넣은 비밀 합의의사록 문서는 40년 동안 베일에 싸여 있다가 2009년 12월 사토 총리의 차남 사토 신지(자민당 정치인으로 운수상을 역임)에 의해 갑자기 공개되었다. 1975년에 가족들이 사토 총리의 유품을 정리하다 책상 서랍에서 밀약 문서를 발견하고 외무성에 인계하려고 했으나 공식 외교문서가 아니어서 인수할 수 없다는 외무성의 답변을 듣고는 어쩔 수 없이 계속 보관했던 것이라고 했다. 밀약의 존재를 부인해온 외무성으로서는 어디까지나 사토 총리의 개인 문서에 지나지 않는다고 선을 긋고 싶었을 것이다.

와카이즈미의 자살에는 자신의 책이 출판된 뒤에도 밀약의 존재를 계속 부인하는 일본 정부의 태도에 대한 실망감이 작용했을 수도 있다. 국가가 현실적인 필요 때문에 비선을 활용하여 비밀 교섭을 추진하고 밀약을 체결했다고 해도, 그것이 공식적인 정부 조직에 의해 뒷받침되지 않으면 밀약의 존재는 금세 잊히고 그 내용도 외교정책으로 제대로 계승되지 않을 가능성이 높다. 공식 정부조직 속에서 제도적인 기억institutional memory으로 자리 잡지 않으면 밀약의 효과는 지속되기 어려운 경우가 많다.

한국에서도 밀약이 체결된 것은 아니지만 비선이 활용된 경우가 있었다. 1998년 10월 타결된 한일 신어업협정에는 한일 양쪽의 비중 있는 정치인들이 교섭의 대표로 투입되었다. 한국 대표는 한일의원연맹 수석부회장으로 활동한 경험이 있는 김봉호 국회 부의장이었고, 일본 대표는 홋카이도 출신으로 어업 분야의 실력자인 사토 고코 의원이었다. 이들은 양국 어민의 이해관계가 첨예하게 충돌하는 어업협정 교섭의 돌파구를 마련하기 위해 자신의 정치적 배경을 활용하면서 적극적인 역할을 했다.

비선을 통해 추진된 교섭이었지만 나중에 교섭의 경위며 분위기, 교훈까지 모두 양국 외교당국에 계승되었다. 그 비결은 두 사람의 배후에서 실제 교섭전략을 수립하고 집행하는 모든 작업을 양국 외교부가 담당했다는 데 있었다. 교섭할 때마다 외교부의 실무자들이 함께 참여했고 그 내용은 세부사항까지 모두 문서로 본부에 보고되었다. 양국 정부가 각본과 감독을 맡았고 두 사람의 정치인은 주연배우 역할을 한 셈이다. 그렇기 때문에 교섭의 내용과 결과가 전부 양국의 정부조직 내에서 제도적인 기억으로 뿌리내릴 수 있었던 것이다.

두 나라 사이에 입장의 차이가 너무 커서 타협점을 찾기 어렵고 국내적으로도 민감한 외교 사안을 처리할 때 비선에 의한 교섭이나 밀약의 체결이 불가피한 경우가 있다. 어쩔 수 없이 변칙적인 외교 수법을 동원하더라도 그 결과가 국익에 부합하고 중장기적으로 지속되려면 공식 외교조직의 뒷받침을 받으면서 추진될 필요가 있다. 전문적인 관료집단을 배제한 채 정치 지도자가 외교교섭을 전횡하면 단기적인 정권의 이익에 편향될 가능성이 매우 크기 때문이다.

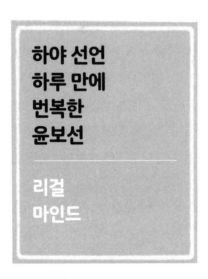

하야 선언 하루 만에 번복한 윤보선

리걸 마인드

스스로 하야하겠다고 선언한 대통령에게 제발 하야하지 말아달라고 매달린 일이 있었다. 무슨 뜬금없는 소리냐고? 지금으로부터 57년 전, 윤보선 전 대통령의 이야기다.

1961년 5월 16일 새벽, 군사 쿠데타가 발생했다는 소식을 들은 장면 총리는 미국대사관으로 피신하려다 여의치 않자 재빨리 혜화동의 가르멜 수녀원으로 도망을 가서 3일 동안 숨어 지냈다. 미국은 처음에는 쿠데타를 지지하지 않는다는 입장을 발표했고 병력을 동원하여 쿠데타를 진압할 생각까지 있었지만 한국 정부를 대표하는 총리의 행방이 묘연하자 어떻게 해볼 도리가 없었다. 의원내각제의 최고 권력자인 장 총리가 국가의 위기상황에서 무책임하게 자취를 감춰버린 탓에 쿠데타를 저지할 기회가 사라져버린 셈이었다.

5월 18일 장면이 은신하던 수녀원을 나와 마지막 국무회의를 주재하고 내각 총사퇴를 발표함으로써 국가권력은 공식적으로 쿠데타 세력의 손으로 넘어갔다. 5월 19일 장도영 육군참모총장을 의장, 박정희 소장을 부의장으로 하는 국가재건최고회의가 출범했다. 사태가 일단락되었다고 판단한 윤보선 대통령은 스스로 하야하겠다는 입장을 발표했다. 그러나 하야를 선언한 지 하루 만인 5월 20일 저녁 기자회견에서 그는 갑자기 하야하지 않겠다고 폭탄선언을 했다.

대통령의 하야 선언 번복은 정권 장악의 모든 작업이 순조롭게 마무리되고 있다고 생각하던 쿠데타 세력의 뒤통수를 친 것이었을까? 실제로는 정반대다. 쿠데타의 지휘부가 적극 나서서 윤보선에게 대통령 자리에 계속 있어달라고 부탁한 결과였다.

혁명이나 쿠데타와 같은 비합법적 수단에 의해 기존 정부가 무너지고 새로운 정부가 생겼을 경우, 다른 국가들이 신정부를 그 국가의 대외적 대표기관으로 인정하는 것을 국제법에서 '정부의 승인'이라고 한다. 5·16 쿠데타 직후 장면 내각이 총사퇴한 상황에서 윤보선 대통령까지 하야하면 한국에는 합법적인 정부가 사라진 셈이 되므로, 새로 집권한 군사정부는 외국으로부터 다시 정부 승인을 받아야 하는 문제가 발생할 우려가 있었다.

쿠데타 세력은 물론이고 윤 대통령도 미처 이러한 외교적 문제점을 인식하지 못하고 있었는데 당시 김용식 외무부 사무차관이 쿠데타 세력에게 이를 납득시켰다. 김용식은 5월 20일 오후 1시쯤 국가재건최고회의 사무실로 박정희를 찾아가 현재 유일하게 남아 있는 헌법기관인 윤 대통령이 하야하면 외교적으로 무정부 상태가 되어버릴 우려가 있으니 하야를 말려야 한다고 설명했다. 내각책임제에서 실제 권한도 거의 없는 대통령의 존재가 군사정부에 크게 불편할 것도 없지 않냐는 말도 덧붙였다.

문제의 심각성을 깨달은 박정희는 김용식에게 청와대로 가서 대통령에게 직접 보고하라고 지시했다. 오후 2시쯤 청와대로 간 김용식은 윤 대통령에게 외교적 문제점을 자세히 설명하고 사퇴를 재고해달라고 설득했다. 윤보선은 하야를 발표한 지 24시간도 지나지 않아 번복하면 이랬다저랬다 하는 변덕스러운 대통령으로 보이지 않겠느냐면서 결심을 바꾸지 않았다. 김용식도 물러서지 않았다. 만일 이 상태에서 북한이 침공해오면 UN이나 우방국에 지원을 요청하는 데에도 어려움이 생길 것이라고 했다. 그러자 윤보선은 장도영과 박정희를 불렀다. 청와대로 급히 달려온 박정희가 "김 차관의 얘기 그대로입니다. 그렇게 해주시면 후세의 역사가들이 옳은 일을 하셨다고 말할 것입니다"라면서 윤보선의 마음을 돌렸다.

원래 5월 20일 오후에는 하야를 발표한 윤 대통령의 고별 기자회견이 예정되어 있었는데 결과적으로는 이 자리가 하야 선언의 번복을 발표하는 자리가 되어버렸다. 윤 대통령은 "일단 하야를 결심했으나 국내적으로나 국제적으로 그 영향이 막대하다고 하니 만부득이 번의하지 않으면 안 되게 되었다"고 말했다. 이때 하야를 번복한 배경은 설명하지 않아서 대통령 자리에 대한 욕심 때문이었다는 오해를 받기도 했다.

윤보선은 하야 선언을 번복한 지 10개월 뒤인 1962년 3월 22일 두 번째 하야 성명을 발표하고는 자리에서 물러났다. 10개월 전과 상황이 바뀌지는 않았으나, 이때 미국은 윤 대통령의 사임이 한국에 대한 미국의 승인에 영향을 미치지 않는다는 입장을 밝혔다. 일본도 박정희 정권을 합법적인 정부로 인정한다는 입장을 표명했다. 그렇다면 애초에 국제법상 정부 승인 문제가 생길 가능성이 있다는 이유로 대통령의 하야 결심을 번복시켰던 것은 기우에 지나지 않았던 것 아니냐는 의문이 생길 법하다.

외교에는 국제법적 측면과 국제정치적 측면이 공존한다. 비합법적으로 성립된 정부에 대한 정부 승인이 국제법적으로는 문제될 수 있지만, 현실 국제정치에서는 그런 일이 거의 없다. 따라서 굳이 정부 승인이라는 행위로 복잡한 문제를 일으키지 않으려는 경향이 강해짐에 따라 오늘날은 정부 승인 폐지론이 나올 정도다. 그렇지만 한국전쟁이 끝난 지 10년도 되지 않은 1961년 당시에는 북한의 침공을 우려하지 않을 수 없는 상황이어서 정부 승인 문제를 걱정할 만한 이유가 있었다고 볼 수 있다.

게다가 군사적으로나 경제적으로 미국에 절대적으로 의존했던 당시에는 정부 승인 문제로 인해 미국과의 관계가 조금이라도 불편해져서는 안 된다고 생각하는 것이 당연했다. 김용식은 일제강점기에 고등문관시험 사법과에 합격하여 판사로 재직한 경험이 있어서 '리걸 마인드legal mind'가 있었다. 외교 경험을 통한 국제정치적 식견과 법률가로서의 소양을 동시에 갖추고 있었기 때문에 쿠데타의 혼란 속에서도 국제법적 문제점을 짚어낼 수 있었던 것이다.

외교부에서 리걸 마인드를 대표하는 곳으로는 조약국(현재의 국제법률국)이 있다. 반면 국제정치적 시각으로 문제를 보는 대표적인 부서는 동북아시아국, 북미국, 유럽국처럼 개별 국가와의 외교를 담당하는 지역국이다. 어느 나라든 조약국과 지역국은 묘한 긴장관계 속에서 서로 경쟁한다. 조약국은 국제법적 측면과 논리적 정확성을 중시하지만, 지역국은 국제정치적 현실과 실제적인 외교관계를 강조한다.

외교 업무에서 국제정치적 시각과 국제법적 시각이 충돌할 때 대개는 전자의 우세로 끝나는 경우가 많다. 국제법보다는 국가의 힘이 더 중요한 것이 국제관계의 냉혹한 현실이기 때문이다. 특히 조약국이 지역국을 능가할 만한 영향력을 가지고 있지 않은 한국 외교부에서는 더 그렇다.

예를 들어 대통령의 외국 방문을 앞두고 외교적인 성과사업을 발굴할 때 단골메뉴로 등장하는 것이 조약이나 협정의 체결이다. 대통령이 외국을 방문했을 때 정상회담을 끝내고 양국 국기를 배경으로 상대국 지도자와 나란히 앉아서 조약문에 서명을 마친 뒤 이를 교환하며 악수하는 장면은 홍보효과 만점이다. 그런데 대통령의 방문 날짜에 맞추어 조약에 서명하려면 막바지 조약문안 교섭에 시간이 부족한 경우가 많다. 조약국은 사소한 문구 하나라도 과거의 관례나 법적 일관성에서 벗어나선 안 된다며 까다로운 입장을 보인다. 담당 지역국은 시간에 맞추는 것이 중요하니 대세에 지장 없는 문제에는 융통성을 보여달라고 협조를 부탁한다. 그래도 안 되면 대통령의 정상외교에 지장을 초래할 셈이냐고 조약국을 압박한다. 결정적으로 중요한 문제가 아닌 한 대개는 조약국이 울며 겨자 먹기로 양보하는 경우가 많다.

한국과는 달리 전통적으로 외교부에서 조약국의 힘이 막강한 나라로는 일본이 대표적이다. 지금은 다르지만 과거 일본 외무성에서는 조약국장(현재의 국제법국장)이 사실상 수석국장의 역할을 했다. 국회 답변에서도 조약국장의 발언은 특별한 무게를 가졌고 직업외교관의 최고위직인 사무차관 자리에 조약국장 출신이 올라가는 경우도 많았다. 반면 한국은 지금까지 조약국장 출신으로 외교장관이 된 적은 한 번도 없다.

나는 말단 사무관 시절에 법률적으로 세세한 부분에까지 집착하는 일본 외무성의 모습을 직접 지켜본 적이 있다. 1990년 재일 한국인 3세 이하 후손의 법적 지위에 관한 협의가 거의 마무리되어 한일 외무장관 간 합의각서를 만들 때의 이야기다. 회의석상에서 합의각서의 단어나 문구를 둘러싸고 치열한 씨름을 벌이다 잠시 정회하고 휴식 시간을 가졌다. 그사이에 일본 쪽 실무자들이 서로 머리를 맞대고 무언가 열심히 상의하고 있었다.

무슨 이야기를 하나 싶어서 유심히 보았더니 전체 글자 수를 하나하나 세어가며 원래의 합의 문안과 수정된 문안을 비교하고 있는 것이 아닌가. 한국 외교부도 조약이나 합의각서를 만들 때 이 잡듯이 꼼꼼하게 문안을 살펴보기는 하지만, 내가 아는 한 글자 수까지 세어보지는 않는다. 1971년 중일 국교정상화 교섭에서 법률적인 세부사항에 지나치게 집착하는 일본의 외교 스타일을 본 중국 관계자들이 일본 외교관들은 법비法匪라고 흉을 보면서 혀를 내둘렀다더니, 그런 말이 나온 것도 무리는 아니겠다는 생각이 들었다.

나무를 보는 데만 집중하다보면 큰 숲을 보지 못하는 법이듯, 법률적 정확성에 집착하는 일본 외교가 소탐대실하는 경우도 많다. 한일 청구권협정으로 한일 간 모든 법적 보상 문제가 완결되었다는 해석에서 한 치도 양보하려 하지 않는 일본의 경직된 자세가 그렇다. 전시 여성인권 침해 문제인 일본군 위안부는 사안의 성질상 청구권협정에 포함되지 않았다고 해석하는 유연성을 보인다면 한일관계는 물론 일본의 국제적 이미지에도 크게 도움이 될 텐데 일본은 기존의 법적 입장을 절대로 바꾸려 하지 않는다.

한편 한국 외교는 큰 숲을 보기는커녕 나무를 보는 데에도 약점을 가지고 있다. 한국 외교가 국제법적인 논리에 취약하다는 문제점은 한일 청구권협정에서 잘 드러난다. 위안부 문제가 청구권협정으로 해결되었는지를 두고 한국 정부는 일관된 모습을 보여주지 못했다. 문제가 제기될 때마다 모호한 태도를 보인 탓에 국내외적으로 신뢰를 안겨주지 못했다.

그러다보니 일본으로부터 '계속 골대를 옮긴다'는 비판까지 받게 되었다. 2005년 8월에 뒤늦게나마 청구권협정의 해석을 총정리하여 위안부 문제는 해결되지 않았다는 법적 입장을 정식으로 밝혔지만, 2015년 12월 위안부 합의를 발표하면서 정부의 기존 입장과 어떻게 양립되는지에 관해서는 속 시원한 설명을 내놓지 않았다. 국제법적 측면보다 정치적 필요를 우선하여 합의를 서둘렀기 때문이다. 당시 한국의 협상팀은 일본과 "소모적인 법리 논쟁을 벌이는 것보다는 (…) 피해자들이 납득할 수 있는 창의적인 해결방안을 모색하는 것이 바람직하다"는 입장에서 협상을 진행했다. 보기에 따라서는 그럴듯한 설명이지만, 한국의 법적 입장을 지키기 위해서 일본을 상대로 치열한 논쟁도 마다하지 않겠다는 의지가 내게는 느껴지지 않았다.

외교입문서의 고전으로 유명한 《외교론》의 저자 해럴드 니컬슨이 법률가는 외교관으로서 최악의 부류에 속한다고 했다. 지나치게 세부에 집착하고 형식논리에 매몰되기 쉬운 법률가 기질이 외교에는 잘 맞지 않는다는 뜻이다. 틀린 말은 아니지만 한국 외교는 앞으로도 좀 더 리걸 마인드를 키워야 할 필요가 있다. 선진국들의 외교는 모두 탄탄한 리걸 마인드에 기반을 두고 있다.

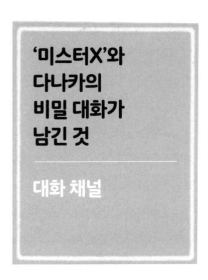

'미스터X'와 다나카의 비밀 대화가 남긴 것

대화 채널

갓 서른을 넘긴 젊은 시절의 벤 애플렉이 미국 중앙정보국(CIA)의 러시아 정보 전문 분석가 '잭 라이언' 역을 맡아 종횡무진의 활약을 보여준 영화 〈썸 오브 올 피어스〉를 아시는가. 2002년에 개봉된 이 영화를 보면서 나는 외교와 대화 채널이라는 문제에 관해서 많은 생각을 했다. 화려한 출연진도 기억에 남는다. CIA 국장 '캐벗' 배역을 맡은 모건 프리먼은 해외정보 업무에다 워싱턴의 정치 역학까지 꿰뚫고 있는 노련한 실력자 캐릭터를 잘 소화해냈다. 러시아 대통령 '네메로프'를 연기한 키어런 하인즈는 카리스마 넘치는 표정과 분위기로 한 나라의 최고 지도자가 갖추어야 할 위엄이 어떤 것인지를 유감없이 보여주었다.

전임자의 갑작스러운 병사로 대통령에 취임한 네메로프는 대외적으로는 아직 잘 알려지지 않은 인물이다. 미국의 정책결정자들은 정보 부족 때문에 그가 어떤 인물인지 제대로 판단하지 못하고 있다. 오랫동안 네메로프에 관한 정보를 분석해온 라이언은 그가 외부에 알려진 것과는 달리 합리적인 온건파라고 주장하지만, 정부 내에서는 호전적인 강경파임에 틀림없다는 목소리가 대세다.

이러한 상황에서 국제적인 극우 파시스트 집단이 암시장에서 조달한 소형 핵폭탄을 볼티모어의 미식축구 경기장에서 폭발시킨다. 마침 그곳에서 경기를 관람하던 미국 대통령은 폭탄이 터지기 직전에 피신하여 구사일생으로 목숨을 건진다. 미국은 이를 러시아의 소행이라고 의심하여 보복 공격에 나서고 이에 러시아도 맞대응하면서 두 나라는 핵전쟁의 문턱으로 치닫는다.

대통령을 수행하던 CIA 국장 캐봇은 중상을 입고 응급시설로 이송되는데 그곳으로 찾아온 라이언에게 '스피나커'라는 한 마디를 남기고는 숨을 거둔다. 스피나커는 러시아 정보기관 책임자

그루시코프의 암호명이었다. 예전에 캐봇으로부터 미국과 러시아 간의 충돌을 피하기 위해 항상 막후 대화 채널을 열어놓고 있다는 이야기를 들은 적이 있던 라이언은 캐봇의 유품 속에서 발견한 휴대용 단말기로 상대방의 정체도 모른 채 스피나커와 메시지를 주고받기 시작한다. 이 과정에서 러시아가 볼티모어 사건의 범인이 아님을 알게 된 라이언은 긴급통신 채널을 통해 서로 신경전을 벌이던 양국 대통령 사이에 끼어들어 양측의 오해를 풀고 핵공격을 중지시킨다.

"만인의 만인에 대한 투쟁"이라는 토머스 홉스의 말처럼 국제사회는 주권국가들이 끝없이 서로를 의심하면서 각자도생하는 곳이다. 국제사회는 국내사회처럼 구성원들의 행동을 규율하고 심판해줄 상위 권력이 존재하지 않기 때문에 기본적으로 자력구제 원칙에 따라 자신의 생존을 지킬 수밖에 없다. 이러한 세계에서 섣부른 신뢰는 금물이다. 상대방의 의도를 의심해보는 일이 당연해진다. 진정한 선의조차도 기만술책으로 오해받기 쉽다.

게임이론에 나오는 '죄수의 딜레마'는 국가들이 협력하면 보다 나은 결과를 얻을 수 있는데도 상대에 대한 의심 때문에 서로 손해 보는 선택을 하고 마는 국제관계의 안타까운 현실을 잘 설명해준다. 공범으로 체포된 2명의 용의자가 있는데, 둘 다 범행을 자백하면 5년형을 받고 둘 다 부인하면 6개월 징역의 비교적 가벼운 처벌로 끝난다. 만일 둘 중 한 사람이 자백하면 그 사람은 수사에 협조한 대가로 석방되지만, 끝까지 범행을 부인한 사람은 무기징역이라는 법정 최고형을 받게 된다.

함께 체포된 동료가 끝까지 자백하지 않을 것이라는 확신이 없는 상황에서, 합리적인 인간이라면 혼자서 무기징역이라는 덤터기를 쓰는 일을 피하려고 자백을 선택한다. 결국 2명 모두 자백을 하고 각각 5년형을 받을 확률이 가장 높다. 각자 자기 이익을 위해서 합리적인 선택을 했지만 결국 자신과 상대방 모두에게 좋지 않은 결과가 되어버리는 것이다.

실제 외교 현장에서 이러한 상황은 비일비재하다. 북한 핵 문제, 독도를 비롯한 해양영토 문제, 한중일 협력과 아시아 공동체 추진, 전세계 핵무기 철폐와 같은 이슈들이 좀처럼 해결되지 않고 있는 근저에는 바로 이러한 딜레마가 자리 잡고 있다.

죄수의 딜레마에는 아주 중요한 전제조건이 있다. 2명의 용의자가 독방에 갇혀 있어서 서로 의사소통을 할 수 없다는 것이다. 만일 두 사람이 상대방의 의사를 직접 확인할 수 있다면 딜레마에서 간단히 탈출하여 최선의 선택을 할 것임에 틀림없다. 마찬가지로 국가 간의 관계에서도 상대방의 의사를 확인할 수 있는 소통 채널이 확보된다면 상호 불신에서 오는 불이익을 피하고 더 나은 선택을 하게 될 것이다.

소통 채널이 만들어지면 그다음은 확인과 검증이 필요하다. 상대방이 그 문제에 관한 권한이 있는지 확인해야 하고, 문제를 해결해낼 수 있는 능력과 의지가 있는지 검증해야 한다. 민감하고 중요한 문제일수록 스스로 대화 창구 역할을 하겠다고 나서는 사람도 많아지지만, 권한과 능력이 검증되지 않으면 아무런 도움이 되지 않는다. 1992년 한중 수교를 앞두고 한국 쪽에서 정치인을 비롯하여 수많은 사람이 비밀 채널 역할을 맡겠다고 무분별하게 나서는 바람에 혼선을 빚었던 것이 대표 사례다.

투명성이 높은 민주주의 국가에서는 외교 문제에서 누가 어느 정도의 역할을 하는지 쉽게 파악할 수 있다. 그러나 정책결정 과정이나 내부 상황이 베일에 가려진 국가에서는 문제 해결의 열쇠를 쥔 인물을 식별해내는 일부터가 쉽지 않다. 대외적으로 공개된 외교부 조직만 접촉해서는 부족하고, 최고 지도자와 직접 연결되는 핵심 인물을 찾아야 한다. 어렵게 그런 인물과 선이 닿았다고 해도 과연 그가 제대로 역할을 해줄 수 있을지 알 수 없는 경우가 많다.

2002년 9월 고이즈미 준이치로 일본 총리의 전격적인 북한 방문은 양쪽이 1년 동안 비밀리에 비공식 채널을 가동한 결과였다. 일본 쪽은 외무성의 다나카 히토시 아시아대양주국장이 나섰고, 북한 쪽은 '미스터X'라고 알려진 인물이 등장했다. 그의 정체가

2011년 초에 총살된 국가안전보위부 부부장 류경이었다는 이야기가 나중에 나왔지만, 아직도 공식 확인은 되지 않았다.

다나카와 미스터X는 2주일에 한 번꼴로 중국 다롄 등지에서 20여 차례나 만나 비밀 교섭을 진행했다. 일본 쪽은 미스터X의 권한과 능력을 확인하기 위해, 북한에서 간첩혐의로 구속되어 2년 가까이 복역 중이던 〈니혼게이자이신문〉의 전직기자 스기시마 다카시를 풀어달라는 숙제를 던졌다. 그 후 2002년 2월에 스기시마가 석방되었고, 이를 본 일본 쪽은 미스터X를 믿고 본격적인 협상을 시작했다.

당연히 일본 쪽도 자신의 권한과 능력을 증명해 보일 필요가 있었다. 일본은 자국 신문에 '총리의 동정'이라는 작은 코너가 있으니 그것을 주의 깊게 살펴보라고 북한 쪽에 일러주었다. 여기에는 그 전날 총리의 하루 일정표가 모두 공개되는데, 오찬·만찬의 참석자 이름은 물론이고, 총리실 비서관이나 정부부처 간부들의 일상적인 보고까지 공개된다. 다나카 국장은 고이즈미 방북을 준비하는 1년 동안 모두 88회나 총리에게 직접 대면보고를 했고, 이러한 사실은 신문의 지면에서 모두 확인할 수 있었다. 미스터X도 그 내용을 보고 교섭 상대에 대한 신뢰감을 갖게 되었다. 이러한 상호 검증의 과정을 거쳐서 북한과 일본의 협상 담당자들은 고이즈미 방북이라는 작품을 만들어낼 수 있었다.

대화 채널을 갖춘 후에도 다른 문제가 생길 수 있다. 진의를 가늠하기 힘든 상대방의 언행에서 정확한 메시지를 읽어내는 것은 대화 채널을 만드는 것보다 몇 배나 더 중요한 일이다.

다시 영화 이야기로 돌아가보자. 러시아가 체첸공화국의 수도 그로즈니를 화학무기로 폭격하여 수많은 사상자가 발생했다. 이 사건을 두고 미국 정부 관계자들은 강경파인 네메로프의 지시에 의한 것이라고 단정하고 단호한 대응조치를 취할 것을 대통령에게 건의한다. 라이언은 네메로프가 아니라 군부 내 불만분자들의 소행일 가능성이 높다고 주장하지만 동조해주는 사람이 거의 없다. 그때 네메로프가 대국민 연설을 통해 자위권 차원에서 자신이 직접 체첸 폭격 명령을 내렸다고 말하는 장면이 TV에 보도된다. 이제 그가 강경론자라는 사실을 두고 더 이상 논쟁의 여지가 없어진 셈이다.

영화는 네메로프가 대국민 연설을 마치고 퇴장하며 엘리베이터에 오르는 장면으로 바뀐다. 네메로프는 뒤따라 엘리베이터에 타려는 비서관과 경호원들을 모두 물리치고 정보기관 책임자 그루시코프만 들어오도록 한다. 둘만 남은 엘리베이터 안에서 네메로프는 짜증난 얼굴로 대체 누구의 짓이냐고 언성을 높인다. 그루시코프가 군부의 골수 공산주의자 지휘관들의 소행이라고 보고하고 모두 총살시키겠다고 한다. 네메로프는 공개 처형하면 군부를 장악하지 못했음을 알리는 꼴이 되니 사람들 눈에 띄지 않게 조용히 처리하라고 지시한다. 그러고는 "나약하게 보이기보다는 차라리 누명을 쓰는 게 낫다"고 혼잣말처럼 덧붙인다.

아직 기반이 확고하지 않은 네메로프는 정적들의 도전을 막아내기 위해서 국내에서나 국외에서 강한 지도자의 모습을 보여줄 필요가 있었다. 체첸 공격이 자신의 뜻과는 무관하다고 사실대로 설명하면 스스로 무력함을 드러내는 결과가 되기 때문에 자신이 직접 명령했다고 한 것이고, 한술 더 떠서 체첸은 러시아의 문제이니 미국은 간섭하지 말라고 의도적으로 강경한 발언까지 했던 것이다.

실제 외교 현장에서도 자국의 내부 사정이나 자신의 속마음을 직설적으로 말할 수 없는 경우가 많다. 상대방에게 왜 그런 행동을 했는지, 그렇게 말하는 진짜 의도가 뭔지 속 시원하게 물어보면 되지 않느냐고 생각할지 모른다. 하지만 개인 간의 관계에서도 직설적으로 물어보기 힘든 경우가 많은 법인데 하물며 국가들 사이에서는 어떻겠는가. 국가나 지도자 개인의 체면과 위신 때문에 돌려서 말하거나 심지어 반대로 이야기할 수밖에 없을 때도 있다. 이럴 때 겉으로 드러나는 상대방의 언행과 그 속에 숨어 있는 진짜 의도를 구별해내는 일은 결코 쉽지 않다.

신뢰할 수 있는 대화 채널을 가동하여 상대방이 처한 입장을 이해하고 그들의 생각과 의도를 정확하게 읽어내려고 끝없이 노력하는 것이야말로 외교의 진수라고 할 수 있다. 이것은 절대로 상대방의 눈치를 보거나 상대방의 의도대로 끌려가는 것이 아니다. 국가 간의 관계에서 상호 불신의 함정에 빠지지 않고 불행한 충돌을 막기 위한 최선의 방법이다.

나는 외교관 생활을 하는 동안 〈썸 오브 올 피어스〉의 DVD를 여러 장 사두었다가 업무상 만나는 상대국 외교관들에게 선물하곤 했다. 오락영화로도 충분히 재미있는 작품이지만, 상대방이 영화를 보며 느낀 바가 있어서 내게 좋은 대화 채널이 되어주기를 바라는 마음에서였다.

레이건을
충격에
빠뜨린
CIA 보고서

사실과
오해

베트남전쟁은 제2차 세계대전 이후 가장 규모가 크고 치열했던 전쟁이다. 제2차 세계대전 때의 3배가 넘는 폭탄이 투하됐고, 가장 많을 때는 54만 명이나 되는 미군 병력이 투입됐다.

흥미롭게도 전쟁이 가장 격렬했던 1965년에서 1968년 사이에 미국은 북베트남 측에 7차례나 물밑에서 비밀 평화협상을 제안했다. 문제는 북베트남과의 대화 채널을 만들기가 쉽지 않았다는

점이다. 당시 남베트남의 수도 사이공에 주재하던 야누시 레반도
프스키 폴란드대사는 업무상 북베트남의 수도 하노이를 방문할
일이 많았다. 폴란드는 같은 사회주의 국가로서 북베트남 정부
와 교류하기가 수월했기 때문에 충분히 중간에서 대화를 주선해
줄 수 있는 입장이었다. 1966년 11월 하노이를 방문한 레반도프
스키 대사는 미국의 요청에 따라 평화협상 제안을 북베트남 측에
전달했고, 북베트남 측으로부터 폴란드의 중개 아래 바르샤바에
서 미국과 직접 대화하겠다는 회답을 받아 사이공으로 돌아왔다.
이때부터 '마리골드 협상'이라는 암호명의 비밀 평화협상이 시작
됐다.

첫 번째 협상을 열기로 약속한 12월 6일 미국 대표단은 바르
샤바 시내의 폴란드 외교부 건물 내 회의실에서 북베트남 대표단
이 도착하기를 기다렸다. 10분, 20분, 시곗바늘이 계속 돌아가는
데 북베트남 대표단은 나타나지 않았다. 한 시간, 두 시간이 지나
고 하루가 다 가도록 그들은 결국 나타나지 않았다. 협상은 제대
로 시작도 못 해본 채 실패로 돌아갔다. 대체 무슨 일이 있었던 것
일까? 하루라도 빨리 전쟁을 끝내고 희생자를 줄일 수 있었던 기
회가 허무하게 날아가버린 이유는 무엇이었을까?

전쟁 당사국들이 다시 만나 그때는 왜 그런 행동을 했는지 확
인해볼 수 있다면 수많은 궁금증이 속 시원히 풀릴 것이다. 개인

들끼리라면 몰라도 국가 간에는 좀처럼 가능할 것 같지 않은 이 작업을 미국과 베트남이 시도했다. 베트남전쟁이 끝난 후 22년이 지난 1997년 6월 20일부터 3박4일 동안 하노이 중심부의 메트로 폴 호텔에서 양측의 전직 고위 관계자들이 모여 심포지엄을 열었 던 것이다.

'놓쳐버린 기회?'(Missed Opportunities?)라는 제목을 내건 이 심포 지엄에는 미국과 베트남에서 로버트 맥나마라 전 국방장관과 응 우옌꼬탁 전 외교차관을 대표로 전직 군인, 외교관, 학자 등 각각 13명이 참석했다. 정책결정 과정에 직접 참여하고 현장의 전투 를 지휘했던 과거의 적들이 한자리에 마주 앉아 전쟁 당시에 어 떤 상황 판단을 하고 있었고, 상대의 의지와 목적에 대해 어떤 인 식을 가지고 있었는지, 수백만 명의 사망자를 낸 참혹한 전쟁을 처음부터 회피하거나 더 빨리 종결시킬 방법은 없었는지, 일련의 과정에서 서로에게 어떤 오해와 실수가 있었는지 솔직하게 묻고 대답했다.

심포지엄에서는 당연히 마리골드 협상도 화제에 올랐다. 베트 남의 전직 외교관 응우옌딘프엉은 당시에 하노이의 외교부에 근 무하다가 대표단 일원으로 선발되어 바르샤바로 출장을 갔었다 면서 입을 열었다. 그는 상부로부터 비밀 유지에 각별히 유의하 라는 엄명을 받고 협상 훈령을 적은 메모를 양복 안쪽에 실로 꿰

매어 붙이고 출장길에 올랐다고 했다. 그리고 자신을 포함한 북베트남 대표단은 12월 6일에 바르샤바의 북베트남 대사관 리셉션룸에서 회담 자료를 잔뜩 쌓아놓고 하루 종일 기다렸는데도 미국 대표단이 나타나지 않아 할 수 없이 하노이로 철수했다고 밝혔다.

이 말이 나오자 회의장의 분위기가 술렁였다. 양측 대표단은 20년이 넘도록 계속 상대방이 약속을 지키지 않았다고 생각하고 있었는데, 당시 무언가 알 수 없는 착오로 인해 양측이 폴란드 외교부와 북베트남 대사관에서 각각 따로 상대방을 기다리고 있었다는 이야기가 아닌가!

팩트는 과연 하나인가? 다른 분야에서도 그렇지만 특히 외교에서 팩트는 하나가 아닌 경우가 많다. 마리골드 협상에서도 상대방을 기다리던 미국과 베트남은 협상이 깨진 원인에 대해 서로 상대방에게 책임이 있다고 주장할 수밖에 없다. 같은 일을 두고도 내가 생각하는 팩트가 있고, 동시에 상대방이 생각하는 또 다른 팩트가 있을 수 있는 것이다.

임진왜란이 일어나기 1년 전에 조선통신사로 일본을 돌아보고 온 정사 황윤길과 부사 김성일이 전쟁 발발 가능성에 대해 서로 반대되는 보고를 한 이야기는 너무나 유명하다. 일본의 실권자 도요토미 히데요시의 인상에 대해서조차 황윤길은 "눈빛이 반짝

반짝하여 담과 지략이 있는 사람인 듯하다"고 보고한 반면, 김성일은 "그의 눈이 쥐눈처럼 생겨서 두려워할 만한 위인이 못 된다"고 할 정도였으니, 민감한 외교 정세에 대한 두 사람의 판단이 다른 것은 당연할지 모른다.

2013년 6월 7일 중국의 시진핑 국가주석이 취임 후 처음으로 미국을 방문해 서니랜즈에서 버락 오바마 대통령과 정상회담을 했다. 회담이 끝난 후 북한 핵 문제에 관해 미국 측은 핵확산 능력 억제를 위해 지속적으로 북한을 압박하기로 했다고 발표했지만, 중국 측은 대북 제재에 대한 언급은 없이 빠른 시일 내에 대화를 재개하는 것이 시급한 과제이며 북한과 미국 간에 긴밀한 대화와 협력이 유지되기를 바란다고 브리핑했다. 같은 회담 결과를 두고 양측의 설명이 서로 달랐지만 그렇다고 어느 쪽이 거짓말을 했다고 볼 수는 없다. 서로 입장이 다르고 강조하고 싶은 점이 달랐을 뿐이다.

외교관의 중요한 임무 가운데 하나는 해외에서 그 나라 정부 관계자나 정치인, 언론인, 학자 등 국가정책과 여론 형성에 영향력이 있는 사람을 면담하고 참고가 될 만한 대화 내용을 본부에 보고하는 일이다. 면담에서 상대방으로부터 한국의 정책에 대해 비판적인 발언이 나오더라도 빼놓지 않고 모두 보고하는 것이 바람직하다. 하지만 그렇게 하기가 좀처럼 쉽지 않다. 특히 대북정책을 비롯해 대통령이 직접 이끌어가는 정책에 대한 비판적인 발언이 그렇다.

예를 들어 박정희 대통령이 10월 유신을 선포하고 긴급조치를 남발하며 언론의 자유와 국민의 기본권을 훼손하는 독재정권 때를 생각해보자. 해외에 근무하는 한국 외교관이 주재국의 중요 인물을 만나서 대화하던 중에 한국에서 인권 탄압이 자행되고 있다는 사실이 주재국 정부의 대한국 정책에 매우 부정적인 영향을 주고 있다는 이야기를 들었다면 어떻게 할 것인가. 면담을 마치고 대사관으로 돌아온 그는 본부에 보고할 전문을 작성하면서 상대방이 박정희 정권의 인권 탄압과 독재정치를 비판한 내용을 그대로 포함시킬지 고민할 것이다.

만일 상대방이 이야기한 내용을 곧이곧대로 전문에 적어서 보냈다가는 보고전문을 받아본 외교부 간부나 청와대 고위 관계자들로부터 '이 사람 본부 분위기 잘 알면서 눈치 없이 왜 이래?' 하는 핀잔을 듣기 십상이다. 때로는 대통령의 국정철학이나 정부의 국정이념에 대해 투철한 의식이 없는 공무원으로 비난받거나, 충성심과 애국심이 의심스럽다는 지적까지 받을 가능성도 있다.

이런 부담감 때문에 보고서 내용을 본부의 입맛에 맞도록 윤색하거나 본부가 듣기 거북한 부분을 일부러 누락시키는 것을 '마사지'라고 한다. 외교관들이 현장에서 보고서 내용을 마사지하는 풍조가 일상화되다보면 상대방의 입장과 생각을 있는 그대로 정확하게 전달하는 정보 보고는 점점 줄어들어 결국에는 중요한 정책 판단을 그르치게 된다.

조선통신사 황윤길 일행이 귀국할 때 일본에서 따라온 승려 게이테쓰 겐소를 접대한 선위사 오억령은 겐소로부터 내년에 도요토미가 명나라를 정벌하기 위해 조선으로 쳐들어올 것이라는 이야기를 듣고 그대로 보고서를 만들어 조정에 올렸다. 당시 일본의 침공 가능성이 적다는 쪽으로 기울어 있던 조정은 보고 내용을 귀중한 참고자료로 삼기는커녕 오억령을 경질 처분했다. 예나 지금이나 위정자들은 듣고 싶은 이야기만 들으려는 유혹에 빠지기 쉬운 모양이다.

팩트가 하나가 아닐 수 있다고 생각하는 것은 곧 내가 틀릴 수도 있음을 인정하는 일이다. 때로는 불편한 진실과 마주하는 일도 마다하지 않으면서 현실을 있는 그대로 보려고 노력하는 일이다. 상대방이 나와는 완전히 다른 시각에서 문제를 볼 수 있고, 상대방의 시각에도 내 것에 못지않은 나름의 합리성이 있을 수 있음을 인정할 때 비로소 제대로 된 외교협상이 가능하다.

로널드 레이건 미국 대통령은 1981년 취임 직후부터 소련을 '악의 제국'이라고 비난하며 강경한 외교정책을 펼쳤다. 그러나 겉보기에는 호전적인 소련이 실제로는 미국으로부터 침공당할지 모른다는 두려움에 사로잡혀 있으며, 특히 레이건에 대해서는 선제공격도 마다하지 않을 인물이라 생각하고 있다는 CIA의 보고서를 읽고는 충격을 받았다. 자신이 소련을 전쟁광이라고 생각하는 것처럼, 소련도 자신을 똑같이 전쟁광이라고 생각하고 있음을 알게 된 것이다. 그 후 레이건은 1984년 1월 연설에서 "우리가 다른 체제를 좋아하지 않는다고 해서 대화를 거부할 이유는 없다. 핵무기 시대를 살아나가려면 반드시 대화가 필요하다"고 말하면서 소련에 대한 자세를 누그러뜨리기 시작했다.

하노이 심포지엄을 가능하게 한 맥나마라는 1961년부터 1968년까지 무려 7년 동안 국방장관으로 재임했던 인물이다. 미국의 베트남전쟁 개입에 중요한 역할을 했던 그가 훗날 베트남전쟁은 잘못된 전쟁이었다고 솔직히 인정한 데 대해 미국 사회의 시선은 결코 곱지 않았다. 심포지엄 추진 과정에서 13개 단체에 자금 지원을 신청했지만 모두 거절당했고, 퇴역군인 단체의 반발 때문에 군 출신 참석자를 섭외하는 데도 애를 먹었다. 이러한 어려움 속에서 맥나마라가 군이 치욕스러운 패배의 기억을 되살려가면서까지 과거의 적과 대화를 시도했다는 사실은 존경받을 만하다.

그는 4일 동안의 회의를 통해서 서로 상대방의 의도를 오해하고 있었기 때문에 전쟁을 피할 수 있는 기회를 놓쳐버렸으며, 전쟁 중에도 끊임없이 대화하려는 노력을 게을리해서는 안 된다는 교훈을 얻었다고 말했다. 베트남 측의 한 참석자 역시 대화를 위해 할 수 있는 모든 노력을 다했어야 하는데 당시에는 그러지 못해 후회스럽다고 고백했다. 북한 핵·미사일 문제를 둘러싸고 끝없는 상호 불신 속에서 대치하고 있는 현재 우리의 상황에서 모든 당사국들이 한번쯤 곱씹어봐야 할 대목이다.

심포지엄을 끝내면서 맥나마라가 지금 미국은 이슬람 사회를 이해하고 행동하는 것처럼 보이지 않으며, 중국에 대해서도 마찬가지인 것 같다고 했던 말이 기억에 남는다. 1997년의 시점에서 마치 20년 후 2017년의 현실을 훤히 내다본 듯한 놀라운 혜안이라고 하지 않을 수 없다.

5

외교관이라는
직업

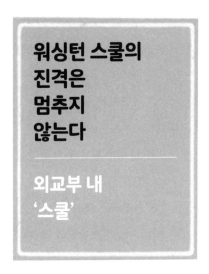

워싱턴 스쿨의 진격은 멈추지 않는다

외교부 내 '스쿨'

　　　　　워싱턴 스쿨, 재팬 스쿨, 차이나 스쿨… 학교나 학원의 이름이 아닐까 하는 느낌이 들겠지만, 외교부에서는 다른 뜻으로 통하는 말이다. 본부에서 미국을 담당하는 북미과장이나 북미국장을 거치고 주미대사관 근무 경험을 가진 미국통 외교관들을 워싱턴 스쿨이라고 부른다. 일본을 담당하는 동북아1과장이나 동북아국장을 지내고 주일대사관 근무 경험이 있으면 재팬 스쿨에 속한다. 중국을 담당하는 동북아2과장이나 동북아3과장을 거쳐서 동북아국장과 주중대사관 근무 경력을 가진 사람은 차이나 스쿨로 분류된다. 중요한 나라들을 다루는 지역전문가 그룹을 일컫는 말이라고 할 수 있다. 4강 국가 가운데 러시아가 빠져 있는 것은 아직 러시아 스쿨이라고 부를 만큼 전문가 그룹이 확립되지 못했기 때문이다.

물론 외교부에 미국, 일본, 중국 3개 분야의 전문가 그룹만 있는 것은 아니다. 본부에서 경제통상 업무를 다뤄본 경험이 많고, 제네바대표부나 주미대사관에서 세계무역기구 또는 경제 관련 업무를 경험한 통상 전문가 그룹은 외교부에서도 상당히 큰 존재감을 자랑한다. UN대표부나 제네바대표부를 거치면서 국제기구 분야에 특화한 다자외교 전문가 그룹도 기반이 탄탄한 편이다. 최근에는 환경, 군축, 개발, 재외동포영사와 같은 영역으로 전문가 그룹이 좀 더 세분화되는 추세다. 그렇지만 '스쿨'이라는 이름이 붙는 것은 여전히 미국, 일본, 중국의 3개 분야뿐이다. 나머지 분야의 전문가 그룹은 아직 외교부 내에서 비중과 영향력이 '스쿨'이라 부를 만큼 확고하지는 않다.

스쿨이라는 말이 언제부터 사용되었는지는 정확히 알 수 없으나, 가장 먼저 등장한 것은 워싱턴 스쿨과 재팬 스쿨이다. 정부 수립 직후 한국전쟁을 겪고 국가의 안보를 한미동맹에 의존하게 된 상황에서 한국 외교의 중심은 한미관계에 있을 수밖에 없었다. 따라서 일찍부터 워싱턴 스쿨이 형성된 것은 당연한 귀결이었다. 그리고 1950년대 초반에서 1960년대 중반까지 한국 외교에서 가장 큰 현안은 한일관계였다. 14년이라는 오랜 시간이 걸린 한일 국교정상화 교섭이 국가 현안이었던 만큼 당시 외교부의 핵심 엘리트들이 대거 투입되었고 훗날 이들이 외교부의 중추를 이루면서 재팬 스쿨을 이끌게 됐다.

초대 장택상 장관부터 현재의 강경화 장관까지 총 36명에 이르는 외교부 장관의 경력을 분석해보니, 직업외교관이 20명이고 정치인이나 교수 등 외부인사가 16명이었다. 직업외교관 출신 장관 20명 가운데 워싱턴 스쿨이 9명, 재팬 스쿨이 3명, 양쪽 모두에 해당하는 경우가 6명, 어느 쪽에도 해당하지 않는 경우가 2명이었다. 외교부 출신 장관 20명 중 18명이 미국 또는 일본 관련 업무 경력자이니 2개 스쿨의 비중이 어느 정도인지 쉽게 짐작할 수 있다. 1980년대에 어느 장관은 외교부 과장 중에 일을 못하면 장관의 '목이 날아가는' 보직이 2개 있는데, 하나는 북미1과장이고 다른 하나는 동북아1과장이라고 말하기도 했다. 외교부에서 출세하려면 미국, 일본 업무를 맡아야 한다는 생각에 인사 때만 되면 북미국이나 주미대사관, 동북아국이나 주일대사관으로 배치되려고 치열한 경쟁이 벌어지곤 한다. 사정이 이렇다보니 외교부 내에서는 2개 스쿨이 자기들끼리 끈끈한 유대관계를 형성하면서 좋은 보직을 독식한다는 따가운 시선이 존재하는 것도 사실이다.

고등고시와 외무고시 출신이 주를 이루던 1990년 이후로 시기를 한정하여 역대 외교부 장관의 경력을 비교해보면 또 다른 특징이 드러난다. 1990년 이후의 외교부장관 16명 가운데 외교부 출신이 11명이었는데, 이들 중 워싱턴 스쿨이 7명으로 압도적이며 재팬 스쿨이 1명(공로명), 양쪽 모두에 해당하는 경우가 1명(유명환), 어느 쪽에도 해당하지 않는 경우가 2명(이정빈, 최성홍)이었다. 이 시기의 특징은 워싱턴 스쿨 출신 장관이 대개 실무자 시절부터 북미과장이나 북미국장, 주미대사관의 보직을 거친 정통파 대미외교 전문가들이라는 점이다. 이 시기에 재팬 스쿨로서는 유일했던 공로명 장관이 1996년 11월에 퇴임했으니 그때부터 지금까지 20년 이상 사실상 워싱턴 스쿨의 독주 시대가 계속되고 있다고 할 수 있다.

재팬 스쿨에 속하는 나와 같은 사람의 입장에서는 솔직히 워싱턴 스쿨의 독주 현상이 반갑지 않을 수도 있다. 물론 어느 그룹에도 속하지 않는 사람들의 입장에서는 워싱턴이든 재팬이든 관계없이 '스쿨'이 득세하는 현상 자체에 불만을 느낄 것이다. 그러나 이러한 현상에는 어쩔 수 없는 시대적 배경이 있다. 1960년대 중반까지 한일 국교정상화가 최대의 현안이었던 것처럼, 1990년대 중반부터는 북한 핵·미사일 문제가 한국 외교의 가장 중요한 이슈로 자리 잡았다. 해외공관에서는 주미대사관이 이 문제의 중심이고 본부에서는 한반도평화교섭본부가 이 문제를 담당하는데, 그때까지 북미국에서 담당하던 문제를 한반도평화교섭본부가 새로 생기면서 넘겨받았기 때문에 그 뿌리는 워싱턴 스쿨에 있다. 따라서 1990년대 이후 외교부에서 워싱턴 스쿨의 비중은 과거보다 더 커질 수밖에 없었다.

6자회담에서 보듯이, 북한 핵·미사일 문제는 남북한 이외에도 미국, 중국, 일본, 러시아 등 주변 4강이 모두 얽혀 있다. 외교부의 업무분장으로 보자면 동북아국이 그중 2개 국가를 담당하고 있으니 중심 역할을 할 법도 하다. 실제로 중국 외교부는 이 문제를 아주국에서 담당한다. 그러나 한국 외교에서 안보 분야는 한미동맹을 빼놓고 생각할 수 없기 때문에 북한 핵·미사일 문제도 한미관계의 맥락에서 다룬다. 한편 일본의 경우에는 우리와 똑같이 미국과의 동맹에 안보를 의존하면서도 북한 핵·미사일 문제를 북미국이 아닌 아시아대양주국에서 담당한다. 그리고 직업외교관의 최고위직인 사무차관 보직도 최근에는 아시아대양주국장 출신이 독차지하다시피 한다. 정식 군대를 보유하지 않은 일본의 입장에서 미일동맹에 대한 의존도는 한국보다 결코 낮다고 할 수 없다. 그럼에도 북한 핵·미사일 문제를 미일관계의 맥락에 맡겨놓기보다는 아시아 전략이라는 맥락에서 살펴보려는 자세를 잃지 않고 있는 것 같다.

북한 핵·미사일 문제가 해소되지 않는 한 당분간 한국 외교에서 워싱턴 스쿨의 비중이 줄어들기는 어려울 것이다. 현재 차관급 이하의 간부와 실무자급에서는 워싱턴 스쿨이 새로운 형태로 진화할 가능성을 보여주고 있다. 대미외교 전문가로서의 배경을 가지고 있으면서 주중대사관이나 주일대사관에도 한 차례 정도 근무하여 폭넓은 경험을 갖추는 경우가 늘어나고 있다. 그동안 청와대나 외교부의 핵심 보직에 워싱턴 스쿨의 독주 현상이 심해지면서 상대적으로 중국이나 일본 분야가 취약하다는 지적이 나오곤 했는데, 새로운 형태의 워싱턴 스쿨은 이러한 측면에서 강점을 갖게 될 것이다. 이에 비해 재팬 스쿨이나 차이나 스쿨 출신이 주미대사관에 근무하거나 미국 업무, 북한 핵·미사일 업무를 경험하면서 경험의 폭을 넓히는 경우는 상대적으로 드문 편이다.

외교부에서 새롭게 중요성이 부각되고 있는 전문가 그룹으로 차이나 스쿨을 꼽을 수 있다. 내가 외교부에서 일하기 시작한 1980년대 중반만 해도 아직 중국과 외교관계가 없던 시절이라 중국 업무를 담당하는 동북아2과의 풍경은 마치 조용한 도서실과도 같았다. 볼일이 있어서 동북아2과 사무실에 들렀을 때 전화 통화 소리도 들리지 않는 가운데 직원들이 차분하게 앉아서 자료를 읽는 모습이 굉장히 낯설었다. 같은 아주국(지금은 동북아국)에

속했으면서도 일본 업무를 담당하는 동북아1과가 크고 작은 현안 때문에 눈코 뜰 새 없이 바쁘게 돌아가던 모습과는 대조적이다.

그 후 1992년 8월에 한중 수교가 이루어지면서 본격적인 대중국 외교가 시작됐다. 주중대사관이 개설돼 베이징 근무가 가능해졌고, 그때까지 대만에서 이뤄지던 중국어 해외연수도 중국 본토에서 하게 되었다. 중국 경제의 급속한 발전과 함께 한국 경제에서 차지하는 중국의 비중이 하루가 다르게 커졌다. 북한 문제에 대한 중국의 역할이 중요해지면서 외교안보 분야에서의 비중도 커졌다. 동북공정, 어업 문제, 탈북자 문제 등 어려운 현안이 쏟아져 나오면서 조용한 도서관 같던 동북아2과의 옛 풍경은 상상도 할 수 없게 변했다. 늘어나는 업무 부담 때문에 지금은 동북아3과를 신설해 중국 업무를 2개 과가 나누어서 담당할 정도다. 자연스럽게 차이나 스쿨이라는 말이 자리를 잡게 되었다.

최근에는 '재팬 스쿨이 지고 차이나 스쿨이 뜬다'는 이야기도 들린다. 차이나 스쿨이 앞으로 재팬 스쿨을 능가할 정도로 점점 중요해질 것은 틀림없지만, 한중 수교의 역사가 짧은 만큼 차이나 스쿨은 아직 역사도 짧고 충분한 경험과 인력이 축적되지 못한 상태다. 동북아2과장에 아주국장과 주중대사를 거친 김하중 전 통일부 장관이 차이나 스쿨의 대부라고 할 수 있으나, 정통파 차이나 스쿨에서 외교부의 장차관이 나올 정도로 영향력을 가지려면 좀 더 시간이 필요할 것이다. 중국이 갖는 미래의 가능성이 워낙 크기 때문에 차이나 스쿨은 한발 앞서 이름부터 자리를 잡은 경우라고 하겠다.

어떤 나라에 대해서 잘 알고 경험이 많다는 것은 자칫 그 나라의 입장에 치우치거나 그 나라를 옹호한다는 비판을 받기 쉽다. 워싱턴 스쿨은 친미파, 재팬 스쿨은 친일파, 차이나 스쿨은 친중파라는 딱지가 붙기 십상이다. 특히 한국 사회에서 친일파라는 비판은 친미파나 친중파라는 비판과는 비교할 수 없을 정도로 치명적이어서 재팬 스쿨에는 남다른 애환이 있다. 국내의 비판을 피하기 위해서 전문가들이 오히려 강경론으로 흐르기도 한다. 상대국의 입장에서는 전문가들의 강경론을 보면서 믿는 도끼에 발등을 찍혔다고 배신감을 느낄 수도 있다.

센카쿠 문제로 중일관계가 한창 시끄러웠을 때 일본 외무성의 중국 전문가 한 사람이 '지금 중국 외교부에서는 재팬 스쿨이 제일 앞에 나서서 대일 강경론을 주장한다'고 내게 불만을 털어놓은 적이 있다. 내가 알기로는 일본 외무성 내부에서도 차이나 스쿨이 중국에 약한 모습을 보이면 안 된다면서 강경론을 주장했다고 하니 결국 어느 나라든 사정은 마찬가지가 아닐까 싶다.

2016년 7월 23일 일본 〈아사히신문〉에 중국의 대표적인 '일본통'인 왕이 외교부장이 최근 들어 부쩍 일본에 대해 강경한 자세를 드러내고 있다는 칼럼이 실렸다. 예의에 벗어날 정도로 고압적인 어투로 일본 비판을 쏟아내는 모습에 제3국의 외교관들도 고개를 갸우뚱할 정도라면서, 2017년 가을로 예정된 당대회에서 부총리급인 양제츠 국무위원의 자리를 노려 국내에서 친일파라는 비판을 피하려고 의도적으로 그런 모습을 보인다는 내용이었다. 왕이 외교부장은 대학에서 일본어를 전공하고 주일대사까지 지낸 인물이니 일본인들로서는 섭섭한 마음이 있겠지만, 거꾸로 왕이 부장의 입장에서는 일본이 원인 제공을 했기 때문이라고 주장할 것이다. 일본이 역사 문제와 관련해 수정주의적인 자세를 보이는데다, 안보 문제나 남중국해 문제에서 미국과 결탁해 중국을 고립시키려 하기 때문이라고 말이다. 울고 싶은데 뺨 때려준다고, 그렇지 않아도 친일파라는 비판이 나올까봐 부담스러운 상황에서 상대방이 빌미를 제공해주니 그 덕분(?)에 부담에서 어느 정도 자유로워진 심정이 아니었을까.

2000명 중 4명, 동독 외교관의 운명

통일과 외교관

　　　　　　　　'외교관이 시골 빵집 주인이 되
다.' 어느 일본 언론의 기사 내용이다. 요즘이야 외교관이 어느
날 갑자기 다른 직업으로 변신하는 경우가 드물지 않으니 별로
놀랄 일도 아니다. 나의 외교부 시절 가까운 후배 한 사람은 한국
을 대표하는 대기업의 임원으로 변신해 국제무대에서 활약하고
있고, 다른 한 사람은 특이하게도 우동 전문점의 사장으로 변신
했다.

외교관이 시골 빵집의 주인이 되었다는 이야기는 1990년 10월 3일 독일이 통일된 뒤에 동독 외교관이 어떤 변화를 겪었는지 소개한 일본 언론의 특집 기사다.

독일 통일로부터 몇 년이 흐른 뒤에 취재팀이 통일 당시 도쿄의 주일 동독대사관에서 참사관으로 근무했던 동독 외교관 A씨를 찾아갔다. A씨는 자신의 고향인 시골의 작은 마을에서 빵집을 운영하는 평범한 삶을 살고 있었다. 빵을 사러 온 손님들을 응대하던 A씨는 취재팀을 보자 가게 한쪽으로 이어진 자택의 거실로 안내했다. 거실로 들어서서 내부를 찬찬히 둘러보니 A씨가 말쑥한 정장 차림으로 외교행사에 참석했던 사진들이 외교관 시절의 모습을 보여주었다. 통일 전까지만 해도 조국을 대표하는 외교관으로 해외를 오가면서 활약했지만 통일 후에는 더 이상 외교관으로 일할 기회가 주어지지 않았다. 할 수 없이 고향으로 내려와 작은 빵집을 연 A씨의 심경이 어땠을까. 민족의 염원인 통일이 이루어졌는데도 마냥 기뻐할 수만은 없었던 동독 외교관의 처지가 측은하기 그지없었다.

독일 통일은 사실상 동독이 서독에 흡수되는 형태였기 때문에 동독의 공무원은 고용 승계가 보장되지 않았다. 고위직은 통일과 함께 즉시 해고되는 경우가 대부분이었고, 중하위직은 일단 대기 발령을 받은 후 일정한 기간 안에 재임용되지 않으면 자동적으로 해고되었다. 당시 독일의 시사주간지 〈슈피겔〉은 동독의 공무원 중 해고되는 인원이 65만 명에 이를 것으로 전망하기도 했다.

통일이 되어 국토와 인구가 늘어나면 행정 업무도 덩달아 늘어나는 분야가 있다. 교육, 의료, 치안 분야가 대표적인데 동독의 공무원 중에도 교사나 의사, 경찰, 소방관은 통일 후에도 재임용되는 경우가 비교적 많았다. 그러나 외교 분야는 통일이 되었다고 해서 갑자기 업무가 늘어나지는 않아서 추가 인원을 확보해야 할 필요성이 크지 않았다. 동독 외교관들은 거의 모두 직장을 떠날 수밖에 없었다.

당시 동독 외교부는 통일을 앞두고 해외에 주재하는 자국의 외교관 전원에게 9월 28일부로 공식 업무를 종료하고 해외공관의 모든 재산과 업무를 현지의 서독대사관에 인계한 후 10월 3일까지 귀국하라고 지시했다. 동독이 해외의 80여 개국에 소유하고 있던 대사관과 영사관 등 118건의 건물과 토지, 2070건의 주택에 대한 인수인계를 위해 현지에는 공관마다 잔무처리 직원 1명만을 임시로 남겨두었다.

동독 외교부에는 외교직과 일반직을 포함하여 2000명이 넘는 외교관이 근무하고 있었는데 대사를 포함한 과장급 이상의 외교관은 10월 3일부로 면직 처리되었고, 나머지 직원들은 6개월의 시한부 대기발령을 받았다. 2009년에 제작된 독일의 다큐멘터리

〈라이프 비하인드 더 월Life Behind the Wall: East Germany's Final Year〉에 의하면 동독 외교부 직원 가운데 통일 후 재임용된 인원은 겨우 4명이었다.

해외에서 국가를 대표하는 것이 외교관의 가장 중요한 역할이기 때문에 어느 나라든 외교관을 뽑을 때는 투철한 국가관과 애국심을 중시한다. 서독과 치열한 체제 경쟁을 벌였던 동독의 외교관은 거의 전원이 집권당인 사회주의통일당의 엘리트 당원으로 충원된 터였다. 서독 입장에서는 이처럼 공산주의 이념에 가장 충실한 집단이었던 동독 외교관들을 그대로 받아들일 수는 없었을 것이다. 서독은 일찍이 1969년부터 동독을 포용하는 동방정책을 추진했고, 통일 직전에는 양측 주민들의 상호 방문 규모가 매년 1000만 명을 넘을 정도로 동독과 다양한 교류협력을 해왔다. 그런데도 외교 분야의 통합에서만큼은 이처럼 냉정한 태도를 취했다.

투철한 국가관과 애국심이라면 군인도 외교관에 못지않다. 그러나 통일 과정에서 동독 외교관이 대부분 실직한 것과는 달리 동독의 군인은 상당수가 구제되었다. 17만 명 규모이던 동독군 병력 가운데 약 5만 명이 통일 독일군으로 편입되었다. 군 장성들은 전원 예편되었지만 전투기 조종사와 같이 특수한 기술을 보유한 직업군인들은 4000명 이상 재임용되었다. 올림픽에서 종합

금메달 순위 2위에 오를 정도의 실력을 자랑하던 동독의 스포츠 지도자들이 통일 직후 외국팀으로 영입되는 경우가 많았던 것처럼, 군인들도 전문적인 기술을 가지고 있으면 재취업에 유리했던 것 같다.

반면에 외교관은 특별한 전문성을 갖추고 있는 것 같으면서도 알고 보면 그다지 뚜렷한 기술이 없는 것 같기도 하다. 외국어 실력이나 외국에 대한 지식, 국제 업무 경험과 같이 예전에는 외교관이 압도적인 경쟁력을 가지고 있던 분야에서 이제는 민간인들도 외교관에 못지않은 전문성을 자랑하는 시대가 되었다. 민간의 전문가가 외교관으로 특채되어 실력을 발휘하는 경우도 드물지 않다. 사정이 이렇다보니 통일 후 실직 위기를 맞은 동독의 외교관들이 각자 알아서 살길을 찾는 것도 생각만큼 쉬운 일이 아니었을 것이다.

같은 민족이 통일을 이룬 경우가 이렇다면 다른 나라에 국권을 빼앗겨서 아예 국가가 없어진 경우의 외교관이란 얼마나 비참할까. 조선은 일본에 강제병합되기 5년 전인 1905년 11월 17일에 을사늑약(제2차 한일협약)으로 외교권부터 먼저 빼앗겼다. 그 전해인 1904년 8월 22일 체결된 한일협정서(제1차 한일협약)에서 모든 외교 문제는 일본과 사전에 협의하여 처리할 것을 약속했기 때문에 외교권 박탈은 1년 이상의 치밀한 준비 기간을 거쳐 진행되었다. 이러한 흐름 속에서 당시 주영국공사관의 이한응 공사서리는 영국 정부를 상대로 조선의 주권 보전을 주장하다가 뜻을 이루지 못하자 1905년 5월 12일 32세의 나이로 현지에서 자결했다. 일본의 외교권 침탈에 항거하여 순국한 최초의 외교관이었다.

을사늑약이 체결되자 해외에 주재하던 조선의 외교관들은 통일 후 동독 외교관이 그랬듯 해외공관과 모든 업무를 현지의 일본 공관에 인계하고 귀국하라는 명령을 받았다. 이범진 주러시아 공사 같은 인물은 귀국을 거부하고 러시아에서 망명 생활을 하면서 독립운동을 지원하다가 강제병합조약이 체결되자 이를 개탄하며 1911년 1월 스스로 목숨을 끊었다. 이와는 대조적으로 김윤정 주미공사는 공사관을 일본에 신속하게 인계하는 등 적극적인 협조 자세를 보였고, 일제 강점기에 외교관 경력을 살릴 수는 없었지만 충청북도 지사와 중추원 참의로 중용됐다.

일본은 식민지 조선 출신도 필요하면 더러 공직에 임명했다. 홍사익 중장처럼 일본 육군의 최고위직에 오른 인물도 있었으나, 외교 분야에서는 그런 사례가 없는 것을 보면 역시 외교관에 대해서는 어느 나라든 엄격한 잣대가 적용되는 것 같다.

외교권 박탈 이후 해방이 될 때까지 40년간은 외교관이 되기를 꿈꾸는 조선의 젊은이가 있었다고 하더라도 그 꿈을 이루기는 불가능한 시대였다. 1948년 대한민국 정부가 수립된 이후로는 그런 불행이 사라졌지만 한국 국적을 가지고 일본에서 사는 재일한국인들에게는 아직도 비슷한 고민이 남아 있다. 재일한국인은 영주 자격을 가지고 있어서 일본에서도 교사나 지방공무원이 될 수는 있다. 그러나 국가공무원은 일본 국적이 요구되기 때문에 외교관이 되려면 한국의 외교관 선발시험에 도전해야 한다.

　일본에서 태어나고 성장한 재일한국인이 모국으로 유학을 와서 공부하고 외교관 시험까지 준비하는 것은 결코 쉬운 일이 아니다. 익숙한 삶의 터전을 버리고 완전히 새로운 인생을 개척하는 것이나 마찬가지다. 재일한국인 젊은이들 중에는 외교관이라는 직업에 흥미를 느끼더라도 도전해볼 엄두조차 내지 못하고 꿈을 접는 경우가 많지 않을까, 나는 안타깝게 느끼고 있었다. 그런데 우연히 언론 보도를 통해 '한솥도시락'의 이영덕 회장이 외교관을 꿈꾸던 재일한국인 2세임을 알게 되었다. 이 회장은 나중에 궤도를 수정하여 사업가의 길을 걸었지만, 외교관의 꿈을 이루려고 1960년대 말 당시에는 매우 드물었던 모국 유학이라는 커다란 모험을 감행했다.

　한편 통일 이야기가 나오면 독일과 함께 빼놓을 수 없는 나라가 예멘이다. 나는 남북예멘이 통일된 지 4년 뒤인 1994년 4월에 예멘의 한국대사관 1등서기관으로 부임해서 2년 동안 근무했다. 당시 예멘은 통일의 후유증에다 제1차 걸프전쟁에서 미국의 군사개입에 반대한 데 대한 국제적 제재까지 더해져 심각한 경제난과 사회적 혼란을 겪고 있었다. 불법과 편법이 난무하는 가운데 만나는 사람마다 자기가 어떤 프로젝트의 열쇠를 쥔 실력자를 알고 있으니 한국의 투자자를 소개해달라는 이야기뿐이었다. 마치 모든 예멘 사람들이 브로커 흉내를 내는 듯했고 사회 전체가 중심을 잡지 못하고 공중에 붕 떠 있는 느낌을 받았다.

남북예멘은 독일과는 달리 대등한 합의에 의해서 통일을 달성했다. 북예멘 대통령이 통일정부의 대통령을 맡았고 남예멘의 집권당 서기장이 부통령이 되었다. 각료직은 남북 간에 비슷한 숫자로 분배되었고, 장관이 북예멘 출신이면 차관은 남예멘 출신, 반대로 장관이 남예멘 출신이면 차관은 북예멘 출신을 임명하는 식으로 남북이 권력을 공유했다. 통합이라는 측면에서는 바람직한 방법이었지만 현장에서는 정부가 제대로 작동되지 않았다. 예를 들어 건설부에서 남예멘 지역에 대규모 댐 건설 계획을 세우면 남예멘 출신 차관까지는 일사천리로 통과되는데 북예멘 출신 장관이 좀처럼 결재를 해주지 않아서 사업이 진척되지 않는 등의 일이 비일비재했다.

합의통일의 형태였기 때문에 공무원 대량 감원도 없었다. 남북 양측의 공무원은 거의 전원이 그대로 통일 예멘의 공무원이 되었다. 외교부의 경우에도 남북의 외교부가 그대로 통합되어 직원의 숫자는 크게 늘었다. 하지만 통일이 되었다고 해서 외교 업무가 두 배로 늘어날 리는 만무했다. 사무실이나 새로운 업무를 배당받지 못해서 아예 출근하지 않는 직원이 수두룩했지만 이들에게도 월급은 꼬박꼬박 지급해야 했다. 업무의 효율성은 예전보다 떨어졌는데 정부의 재정 부담은 늘어났다. 더 큰 문제는 직장과 사회의 기강이 크게 해이해졌다는 점이었다. 출근하지 않는 직원들 중에는 공공연하게 개인 사업을 하는 사람들이 꽤 있다고 했다. 예멘의 외교관은 통일의 과정에서 동독의 외교관이 겪었던 고통은 피했을지 모르지만, 그것이 결과적으로 통일 예멘의 발전에 도움이 되었는지에 대해서는 회의적이라고 할 수밖에 없다.

언젠가 우리가 통일되는 과정에서는 또 얼마나 많은 애환이 교차할까. 통일이란 외교관들에게 복잡한 상념을 갖게 하는 문제일 수밖에 없다.

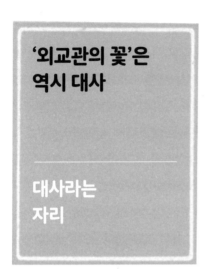

**'외교관의 꽃'은
역시 대사**

대사라는
자리

　　　　　　　　　　　외교관의 꽃은 대사다. 대사라고
하면 그 이름만으로도 왕정시대의 고전적인 외교의 이미지가 떠
오른다. 이제는 옛 궁정외교 시대와는 달리 턱시도나 모닝코트
등의 예복을 입을 일이 거의 없어졌지만, 짙은 색 슈트를 잘 차려
입고 태극기가 펄럭이는 검은색 대형 세단의 뒷좌석에 몸을 실은
채 대사관저를 나서는 대사의 모습은 여전히 근사하다. 그러나
오늘날과 같은 보통사람들의 시대에 이러한 고전적인 이미지는

오히려 위화감을 안겨주는 원인이 되기도 한다. 고고하게 보인다는 게 좋은 의미가 아니라, 세상의 현실과 동떨어져 있다든지 보통사람들의 생활과 유리되어 있다는 식으로 부정적인 의미로 받아들여지기도 한다. 한편으로 동경의 대상이면서 다른 한편으로 위화감의 대상이 되기도 하는 미묘한 위치에 대사라는 존재가 놓여 있다.

외무고시(지금은 국립외교원의 외교관후보자 과정)에 합격해서 직업외교관이 된 후 30년 가까이 경력이 쌓이면 비로소 대사나 총영사와 같은 해외공관장으로 나갈 기회가 주어진다. 공관장의 임기가 보통 2년 반에서 3년 정도이니 60세에 정년퇴직할 때까지 많으면 두 번 정도 공관장을 할 수 있다는 계산이 나온다. 외교부는 정부부처 중에서도 진급이 가장 늦다. 차관회의 참석자를 보면 공무원 경력이 가장 오래된 사람이 언제나 외교부 차관일 정도다. 같은 해에 행정고시에 합격한 일반직 공무원은 벌써 몇 년 앞서 장관 자리를 마치고 나간 경우가 많다. 청와대에서 비서관을 마치고 나면 원래 소속 부처나 관련 부처의 차관으로 영전하는 것이 보통이지만 외교부는 그보다 한 직급 아래인 차관보급으로 복귀하기 때문에 다른 부처보다 진급이 한 박자 늦을 수밖에 없다.

이처럼 인사적체가 심한 탓에 해외공관장 자리가 160여 개나 됨에도 정년퇴직 때까지 기껏해야 두 번 정도밖에는 공관장을 해볼 기회가 돌아오지 않는다. 직업외교관 인력이 충분하지 않았던 예전에는 지금보다 공관장을 할 수 있는 기회가 훨씬 많았다. 정년까지 서너 차례 대사로 나가는 것이 보통이고 공관장을 다섯 번 이상 경험한 경우도 있었다. 1975년 12월부터 1980년 9월까지 4년 9개월 동안 외무장관을 지내 장수 장관의 대명사로 꼽히는 박동진 전 장관의 경우에는 베트남, 브라질, 제네바, UN, 미국 등 대사로 재임한 기간만 해도 모두 합쳐서 17년이나 된다. 자리에 비해 내보낼 만한 인력이 충분하지 않은 상황이었으니 대사로 근무하는 횟수와 기간이 늘어날 수밖에 없었고 '대사가 직업'이라는 우스갯소리까지 생겨났다. 정년까지 겨우 한두 번 대사를 해보는 것이 직업외교관들의 소박한 희망인 지금은, 그런 꿈같은 시절이 정말로 있었을까 싶다.

외교부에서는 과장을 마치고 국장이 되기 전에 대사로 부임할 수 있는 첫 기회가 생긴다. 이때는 당연히 아주 작은 공관의 대사로 나간다. 작은 공관이라고 하면 대사 이외에 참사관이나 서기관급의 실무 담당자, 그리고 서기관급의 행정 업무 담당자를 더하여 3명으로 구성되는 것이 최소단위 규모이다. 같은 대사라도 직급이 올라갈수록 규모가 더 크고 업무가 중요한 공관을 맡게 되는데, 정규 외교관만 해도 수십 명에 이르는 대형 공관은 장차관급 대사가 맡는다. 군대로 치자면 대대장, 연대장, 사단장같이 지휘관의 직급에 차이가 나는 것과 마찬가지인데, 대사는 큰 공관을 맡든 작은 공관을 맡든 모두 '대사'라고 불려서 외부에서 볼 때 그 직급을 구별하기가 어렵다.

공관장이라고 하면 대사만이 아니다. 총영사도 있다. 총영사관은 대사관과는 달리 상대국의 중앙정부와 외교교섭 권한을 가지고 있지 않다. 대사를 임명할 때는 상대국의 사전동의(아그레망)가 필요하고 대사가 현지에 부임할 때는 대통령으로부터 받은 신임장을 지참해야 하지만, 총영사의 경우에는 대부분 아그레망이나 신임장이 필요하지 않다. 대통령의 임명장을 수여하는 간단한 절차만 있을 뿐이다.

총영사관의 주된 업무는 자국민 보호와 영사 업무, 그리고 상대국 지방정부나 민간 차원의 교류와 경제통상, 공공외교 등이다. 외교의 가장 중요한 기능 가운데 하나인 상대국 정부와의 교섭 업무를 수행하지 않기 때문에 대사관에 비해서 격이 한 단계 낮다는 인상을 주는 것이 사실이다. 그러나 재외한국인의 규모가 크게 증가하고 민간 차원의 교류가 확대되면서 총영사관의 업무가 특별한 외교현안이 별로 없는 중소규모의 대사관보다 오히려 더 중요한 경우가 많다. 뉴욕, 로스앤젤레스, 상하이, 오사카와 같이 한인 사회의 규모가 크고 민간교류도 활발한 곳의 총영사는 예전부터 매우 중요한 공관장 보직으로 인정받아왔다.

해외공관 가운데는 대표부라는 이름을 가진 곳도 있다. 대표부는 주권국가가 아니라 국제기구를 상대로 자국을 대표하고 외교교섭을 수행한다. 주UN대표부나 주제네바대표부가 이에 해당하는데, 공관장에는 장차관급의 고위 외교관이 대사라는 대외직명으로 파견된다.

외교의 세계에서 공관장을 해본다는 것은 군대에서 야전지휘관을 경험해보는 것과 비슷하다. 특히 외교부 본부의 간부는 해외공관을 지휘하며 일하는 입장이기 때문에 자신이 직접 해외공관을 책임지고 운영해본 경험을 갖는 것이 중요하다. 해외에서 모국을 대표한다는 막중한 책임감을 직접 피부로 느껴본 경험은 본부의 간부라면 마땅히 갖추어야 할 조건이라고 할 수 있다. 예전에 김성환 장관(2010년 10월~2013년 3월 재임)이 본부 국장은 공관장 경험을 가진 사람으로 임명해야 한다는 점을 강조했던 것도 이러한 이유 때문이었다. 인사적체로 인해 대부분 국장을 마치고 나서야 비로소 공관장으로 나갈 기회가 주어지던 당시 상황에서는 전면적으로 실행하기 어려웠지만, 이제는 인사적체도 조금 해소되어서 공관장으로 나가는 연령이 낮아지기 시작했으니 본부 국장을 맡기 전에 한번쯤 공관장을 경험하도록 하면 좋을 것이다.

중국 외교부는 국장들이 이미 공관장을 지낸 경우가 많다. 중

국은 1966년부터 10년에 걸친 문화대혁명의 혼란기에 대학 교육
이 제대로 이루어지지 않아서 고급인력의 공급에 공백이 생겼다.
따라서 사회의 모든 분야에서 젊은 나이에 관리직으로 발탁되는
일이 많았다. 외교부의 경우에도 한국과 비교해 국장급 간부가
나이가 젊은데도 이미 공관장 경험을 가진 경우가 많았다. 반대
로 일본 외무성은 국장들이 공관장의 경험이 없는 경우가 대부분
이다. 가끔 총영사를 마치고 국장으로 가는 일이 있지만 어디까
지나 예외의 경우이다. 게다가 현직 국장이 차관보급인 외무심의
관으로 바로 승진하고, 거기서 직업외교관의 최고위직인 사무차
관으로 바로 올라가는 경우가 많아서 일본 외무성의 상층 지휘부
는 공관장, 특히 대사 경험이 아예 없는 인물들로 채워지는 현상
이 나타나고 있다.

외교 업무에서 대사 경험이 그토록 중요한데 그래도 되는 걸
까? 시간이 흐를수록 해외공관장의 역할은 점점 줄어드는 반면,
본부의 중요성은 커지기 때문에 나타나는 현상이다. 교통과 통
신 수단이 발달하지 않았던 시절에는 본부와 해외공관의 연락이
쉽지 않아 외교교섭의 중요한 결정권을 현지 대사에게 상당 부분
포괄적으로 맡길 수밖에 없었다. 대사의 정식 직함이 '특명전권
대사'인 것은 국가원수로부터 특별히 임명되어 교섭에 관한 전권
을 위임받았다는 점을 강조하기 위해서다. 전권을 위임받은 대사

는 세부사항을 일일이 본부에 물어보지 않고 스스로 결정할 권한이 있었다.

본국과 해외공관 사이의 실시간 의사소통이 가능한 오늘날은 외교 현장의 풍속도가 완전히 바뀌었다. 이제 해외공관은 본부로부터 외교교섭의 세세한 내용까지 전부 외교전문을 통해 지시받는다. 본부로부터 접수된 지침에 포함되지 않은 내용이 나오면 구체적인 대응 방향을 본부에 물어보고 나서 새로운 지침에 따라 처리해야 한다. 전문을 보낼 시간 여유가 없다면 이메일이나 휴대전화로라도 물어봐야 한다. 물론 보안에 문제가 없다면 말이다. 말하자면 일일이 본부에 물어보고 대응하는 게 원칙이 되어버린 것이다.

오늘날은 해외에 나가 있는 대사가 중요한 외교정책에 결정적인 역할을 하는 경우를 점점 찾아보기 어려워졌다. 외교정책의 입안과 결정은 물론이고 그 교섭과 집행에 관해서도 본부의 주도권이 더욱 강해지고 있다. 사정이 이렇다보니 장차관급으로 출세하는 외교관은 해외공관보다 본부에 근무한 기간이 더 긴 경우가 늘어나고 있다. 국장급 이상의 본부 간부 자리는 직급이 올라갈수록 점점 적어지기 때문에 본부의 핵심 간부로 승진하지 못하면 그만큼 해외공관에 더 오래 나가 있을 수밖에 없다. 거꾸로 본부에서 핵심 직위를 많이 경험할수록 해외공관에 근무하는 기간은

짧아진다. 최근에는 본부에서 차관보급 간부를 경험한 후 차관급 자리나 청와대 외교안보수석비서관을 거쳐 장관에 임명되는 패턴이 보통인데, 이 경우에는 길게는 5년 가까이 계속 본부에서 일하게 된다. 앞서 말했듯 일본 외무성의 지휘부에 대사 경험이 없는 사람이 대부분이라는 사실도 같은 맥락이다. 한국의 경우에는 윤병세 전 외교부 장관이 직업외교관 출신으로는 이례적으로 공관장 경력 없이 장관에 올랐고, 김규현 전 외교안보수석비서관도 공관장 경력이 없었다.

이렇게 본부의 역할이 중요해지고 해외공관의 비중이 줄어들면 공관장을 하는 보람은 어디서 찾을 수 있느냐는 의문이 들지도 모른다. 그러나 앞에서 이야기한 것은 어디까지나 외교정책을 기획하고 결정하는 분야에서 본부의 중요성이 커지고 있다는 뜻일 뿐이다. 아무리 시대가 변해도 외교관의 꽃이라고 하면 역시 대사다. 군인이라면 별을 달고 장군이 되어보고 싶듯이, 직업외교관이라면 대사가 되는 것이 꿈이다. 외교부 직원은 해외에 나가야 비로소 외교관이지 국내에서는 다른 부처 공무원들과 똑같은 외교직 '공무원'일 뿐이다. 외국에 나가서는 공항의 입국 심사 때 일반인과는 다른 외교관 창구를 통과하지만, 일단 국내에 돌아오면 그런 특별대우는 없다. 일반인과 똑같이 입출국 수속을 밟아야 한다. 본부에서 중요한 외교정책을 직접 다루어보는 보람은 그것대로 각별한 것이겠으나, 본부 근무 기간이 길다는 것은 본부에서 기획 업무 위주로 일한 대신에 해외에 주재하면서 모국을 대표하고 상대국과 교류하는 외교관 본연의 업무 경험은 그만큼 부족하다는 뜻이기도 하다.

보고서 작성이라든지 정책 입안 능력이 뛰어난 덕분에 본부에서는 출세했지만, 막상 대사로 해외에 나가면 소극적이고 비사교적인 성격 때문에 그다지 활발한 활동을 하지 못하는 경우가 있다. 반대로 본부에서는 별로 빛을 보지 못했지만 공관장이 되고 나서는 활달하고 적극적인 성격을 살려서 좋은 활약을 보여주는 사람이 있다. 요즈음은 현지에서 상대국 국민들의 마음을 사로잡는 공공외교가 점점 중요해지고 있으니 이런 자질을 갖춘 공관장들이 얼마든지 더 큰 역할을 할 수 있다. 관료나 참모 스타일보다는 기업의 CEO 스타일이 공관장에는 더 어울리는 시대인 것이다.

하루아침에
외교관이 된
사람들

───────

직업외교관 대
비전문가

　　　　도널드 트럼프 미국 대통령 당
선 직후, 그의 첫 번째 아내인 이바나가 체코 대사를 맡겠다고 나
섰다. 1949년 체코에서 태어나 국가대표 스키 선수에 이어 모델
로도 활동했던 이바나는 "체코에서는 나를 모르는 사람이 없다"
며 자신만만한 태도를 보였다. 체코의 밀로시 제만 대통령이 "미
국은 이보다 더 나은 대사를 체코에 보낼 수 없을 것"이라며 공개
지지에 나서자, 이 소식은 언론의 집중적인 관심을 받게 되었다.

미국은 대사를 비롯한 고위 공직자를 대통령이 정치적으로 임명하는 엽관제도의 전통이 강한 나라다. 역대 주한 미국대사는 직업외교관 출신이 더 많았지만, 그 밖의 주요국 대사에는 대부분 정계나 민간에서 발탁된 인물을 내보냈다. 게다가 체코 대사는 1930년대 할리우드의 아역 스타로 미국 국민들의 인기를 한 몸에 모았던 여배우 셜리 템플이 임명된 적도 있었던 자리다. 트럼프가 전부인에게 특별히 나쁜 감정이 있는 게 아니라면 맏딸 이방카의 생모이기도 한 이바나의 소원쯤은 호기롭게 들어주지 않을까 하는 추측도 있었지만, 2017년 7월 사업가 경력을 가진 인물이 체코 대사에 임명되었다.

외교관이라고 하면 외국어에 능통함은 물론 복잡한 외교 관례와 민감한 비밀 교섭에 익숙해야 하는데, 제대로 훈련받은 적도 없는 비전문가가 과연 잘해낼 수 있을지 의문이 생길지도 모른다. 그러나 비전문가라도 외교 업무를 훌륭하게 수행할 수 있다. 물론 확률은 '모 아니면 도'이지만.

1948년 대한민국 정부 수립 직후에는 외교관으로 등용할 만한 인재가 거의 없었다. 1905년 을사늑약으로 일본에 외교권을 박탈당한 후 1945년 해방에 이르기까지 40년 동안은 외교라는 것 자체가 존재하지 않았기 때문에 직업외교관을 길러낼 일이 없었다. 새로 출범한 외무부는 본부 간부는 물론이고 주요국 대사들을 외교 분야와는 거리가 먼 비전문 인력으로 채울 수밖에 없었다.

첫 번째 외교 사령탑을 맡은 장택상은 해방 후 수도경찰청장을 지내고 외무부 장관이 되었으며, 차관 고창일은 러시아군 복무 경력을 가진 독립운동가 출신이었다. 주미대사 장면은 교육자와 정치인을 거쳤다. 주일대표부 공사 정한경과 주중특사관(중화민국의 대한민국 정부 승인 이후 대사관으로 명칭 변경) 특사 정환범은 임시정부의 간부를 지낸 독립운동가였다.

그중에서도 1951년부터 10년간 최장수 주미대사로 활약한 양유찬은 의사 출신이라는 점에서 매우 특이한 경우에 속한다. 여섯 살 때인 1902년 가족을 따라 하와이로 이민을 떠난 양유찬은 보스턴대학 의학부를 졸업한 뒤 1925년부터 하와이에서 줄곧 개업 의사로 활동하고 있었다. 1951년 2월 이승만 대통령은 장면 초대 주미대사를 국무총리로 발탁한 후 비게 된 주미대사 자리를 양유찬에게 맡아달라고 요청했다. 이 대통령이 하와이의 초등학교 교장으로 있을 때 직접 가르쳤던 제자인데다 미주 지역의 한인단체 활동도 활발히 하고 있어서 적임자로 생각했던 것 같다.

당시 양유찬은 중국인 의사 2명을 고용할 정도로 병원이 번창하던 때라 갑자기 일에서 손을 떼기가 어려웠다. 더욱이 외교에 대해서는 아무런 지식과 경험이 없어서 엄두가 나지 않았다. 그러나 한국전쟁의 와중에 피난 수도인 부산으로 자신을 직접 불러 어려움에 처한 나라를 위해 봉사해달라는 옛 스승의 손길을 뿌리치지 못했다.

1951년 4월 워싱턴에 정식으로 부임한 양 대사는 부임 인사도 할 겸 맥아더 장군을 찾아가서 외교에는 문외한인 자신이 어떻게 하면 대사로서 임무를 잘 수행할 수 있겠느냐고 물었다. 맥아더가 워싱턴에는 아직 한국의 친구라고 할 만한 사람들이 별로 없으니 지금부터라도 한국을 도와줄 친구를 많이 사귀어두라고 조언해주었다. 양 대사는 매우 사교적인 성격인데다 유머 감각도 뛰어나서 어떤 모임에서든 주위 사람들을 즐겁게 해주는 재주가 있었다. 어려서부터 미국에서 교육을 받아 영어 발음이 정확하고 동양 사람으로서는 드물게 영어 연설에도 뛰어난 재능을 인정받았다. 양 대사는 이러한 장점을 무기로 삼아 친한파 인사를 조직해 한미재단을 만드는 한편, 미국의 원조를 얻어내기 위해 동분서주하며 초창기 대미외교에 많은 기여를 했다.

1990년 9월 한국과 소련의 수교 당시 소련 외무장관으로 훗날 조지아의 대통령을 지낸 예두아르트 셰바르드나제는 우리에게도 낯설지 않은 이름이다. 그는 외무장관이 될 때까지 외교와는 인연이 없던 정치인이었다. 1985년 3월 54세의 '젊은' 나이로 정권을 잡은 미하일 고르바초프 서기장은 그때까지 무려 28년간이나 외무장관을 맡고 있었던 안드레이 그로미코를 경질하고 셰바르드나제를 후임으로 임명했다. 외교 경험이 전혀 없다는 이유로 장관직을 고사하려는 셰바르드나제에게 고르바초프는 경험이 없다는 것이 오히려 장점이 될 수 있다면서 고집을 꺾지 않았다.

소련의 직업외교관들은 대부분 외교정책이 엉망진창이 되어버릴 것이라면서 새 장관을 혹평했다. 촌뜨기 티를 벗지 못한 인물이라고 깎아내리기도 했다. 그러나 그로미코가 버티고 있는 한 외교정책에 변화를 주기 어렵다고 생각한 고르바초프는 위험부담을 무릅쓰고 기존 외교정책의 관성으로부터 자유로운 인물을 발탁했던 것이다. 완전히 미지의 세계에 내던져진 셰바르드나제는 매일 18시간씩 집무실에 머물면서 업무에 몰두해 체중이 11킬로그램이나 빠질 정도였다. 그는 소련이 붕괴할 때까지 5년이 넘는 기간 동안 외무장관으로서 역할을 훌륭하게 해냈다.

한국 외교가 초창기를 지나 안정기로 접어들면서 1970년대부터는 직업외교관 출신이 외교장관에 임명되는 경우가 많아졌다. 직업외교관이 아니면서 외교장관을 맡은 경우는 한승주(1993년 2월~1994년 12월), 박정수(1998년 3월~1998년 8월), 한승수(2001년 3월~2002년 2월), 윤영관(2003년 2월~2004년 1월), 강경화(2017년 6월~) 정도다. 이들은 모두 학자 출신으로, 박정수와 한승수는 정치인으로서, 강경화는 국제기구(UN) 고위직으로서의 경력까지 겸비했다. 하지만 비전문가 출신으로 뚜렷한 흔적을 남긴 인물을 꼽으라면 외교통상부에서 통상교섭본부장을 맡았던 김현종이 아닐까.

원래 국제변호사였던 그가 2004년 7월 장관급인 통상교섭본부장으로 전격 발탁되었을 때의 나이는 마흔다섯 살이었다. 예전에 외교통상부의 자문변호사로 잠시 일했을 때의 상사들이 이제는 국장이나 차관보 자리에서 그의 지휘를 받아야 할 처지가 되었다. 텃세가 세기로 유명한 외교부 조직을 잘 장악할 수 있을지 불안한 시선으로 지켜보는 사람들도 많았다.

그는 '동시다발적 자유무역협정'이라는 통상전략을 무기로 삼았다. 당시만 해도 국제무대에서 자유무역협정 후진국으로 불리던 한국을 미국, 유럽연합(EU), 일본, 중국의 4대 거대경제권과 동시에 자유무역협정을 맺는 허브 국가로 탈바꿈시키겠다는 청사진을 야무지게 밀어붙였다. 정부 안팎에서 반대와 견제가 극심했지만, 그는 2007년 4월 한미 자유무역협정 협상을 타결시키는 데 성공했다. 불과 1년 전까지만 해도 불가능하다고만 보였던 작품을 보란 듯이 만들어냈으니 그에게 힘이 실리는 것은 당연했다.

상대방과의 마찰과 충돌도 마다하지 않는 스타일 때문에 지금도 외교부 내에서 김현종 본부장에 대한 평가가 엇갈린다. 그러나 그가 과거에는 보기 어려웠던 분명한 정책 비전을 보여주었고 한미 자유무역협정을 비롯하여 굵직한 결과들을 만들어냈다는 점만큼은 모두가 인정한다. 그는 2007년 8월 통상교섭본부장 자리를 떠나면서 직원들에게 "외교통상부는 장교 요원을 뽑아서 사병으로 쓴다"고 뼈 있는 충고를 남겼다. 직업외교관이 수장이었을 때 외교부의 젊고 유능한 인재들이 잡일에 매몰되어 숨은 능력을 충분히 발휘하지 못했다는 지적이었다.

이렇게 이야기해놓고 보니 직업외교관이 비전문가보다 별로 나을 게 없다는 이야기가 되어버린 것 같아서 자괴감이 든다. 관료조직은 원래 변화와 개혁보다는 안정적인 관리에 익숙하다. 직업외교관에게 커다란 정책전환이나 새로운 전략을 기대하기는 어렵지만, 균형감각을 가지고 안정적인 외교를 하는 데는 그만한 전문가 집단이 없다. 더욱이 정치적 리더십의 변화에도 흔들리지 않고 객관성을 담보할 수 있다는 점은 관료집단의 가장 큰 장점이다. 공성攻城에는 비전문가가 적합하지만 수성守城에는 직업외교관이 탁월한 것이다.

고위 외교직에 정치적으로 임명된 인물이 직업외교관에 못지 않은 활약을 보여주는 경우가 적지 않지만, 정치적 임명이 언제나 성공적이기만 한 것은 아니다. 최소한의 역량과 자질조차 갖추지 못한 인물을 무리하게 임명하면 외교 업무가 제대로 돌아가지 않음은 물론이고 국가의 대외 이미지에도 큰 타격을 초래할 수 있다. 자신을 발탁해준 데 대한 충성심에서 균형을 잃고 편향된 언행을 일삼는 경우도 많다.

앞서 소개한 양유찬 주미대사는 말년에 많은 비판에 시달려야 했다. 독재와 부정선거에 대한 국민들의 분노가 1960년 4·19혁명으로 봇물처럼 터져 나오자 이승만 대통령은 더 이상 버티지 못하고 4월 26일에 하야를 발표했다. 이 대통령이 하야하자 장기 집권 동안 국정 전반에 누적된 폐해에 대한 비판이 한꺼번에 쏟아져 나왔다.

외교 분야도 예외는 아니었다. 이 대통령을 두고 '외교에는 귀신'이라는 말이 나오기도 했지만, 한편으로 외교만큼은 자신이 가장 잘 안다는 자부심으로 인해 독선적 외교가 횡행했다는 비판이 제기되었다. 대통령이 혼자 하는 1인 외교 때문에 외무부는 단순한 문서수발 기관으로 전락했다는 혹평까지 나왔다. 2012년 대선에서 경제민주화가 화두로 떠올랐듯이, 4·19혁명 직후에는 '외교민주화'라는 용어가 신문 지면에 등장했을 정도였다.

이승만 외교에 대한 거센 비판 속에서 양유찬 대사는 이 대통령의 사병私兵으로 전락한 대표적인 외교관으로 지탄받았다. 언론은 양 대사가 이승만의 독선적 외교를 합리화하기에 급급했으며, 대통령의 신임을 내세워 외무부 본부를 무시하고 경무대(지금의 청와대) 직통 외교를 일삼았다고 비판했다. 특히 3·15 부정선거를 자유세계에 모범이 된 공정한 선거였다고 대외적으로 선전하고, 국민의 민주적 봉기를 공산당의 사주에 의한 것이라고 망언을 한 데 대해 비난이 집중되었다. 이 대통령의 하야 직후에 열린 과도 국무원의 첫 회의에서 전국 도지사와 경찰국장의 경질 조처와 함께 양유찬 주미대사와 유태하 주일대표부 대사의 면직이 결정된 것을 보더라도 당시 양 대사의 거취 문제가 여론의 큰 관심사였음을 알 수 있다.

외교가 국익에 헌신하기보다 정권의 입맛에 봉사하면 결국 어떤 역사적 심판을 받게 되는지 되새겨보게 만드는 일화다. 그러나 역사는 한 번은 비극으로 또 한 번은 희극으로 반복된다고 했던가. 여론의 지탄을 받으며 물러났던 양유찬은 박정희 정권에 의해 1965년에 순회대사로 임명되면서 다시 외교 일선에 복귀했다.

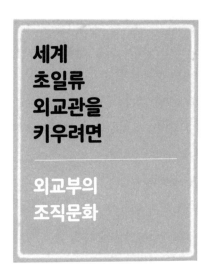

**세계
초일류
외교관을
키우려면**

외교부의
조직문화

　　　　　　　　　　오랜만에 외교부에 있는 젊은 후
배를 만나 점심식사를 함께 했다. 외교관이라는 직업을 가져보니
어떠냐고 물었더니 대뜸 "안정적이어서 좋잖아요"라는 대답이 돌
아왔다. 뭔가 그럴듯한 말이 나올 줄 알았는데 뜻밖이었다. 특별
히 외교관이 그렇다기보다는 공무원이라는 직업 자체가 안정적
이어서 좋다는 뜻인 듯했다. 취업준비생이 역대 최대인 70만 명
에 육박할 정도로 청년실업이 심각한 가운데 젊은이들이 안정적

인 직업을 찾아 공무원 채용시험에 몰려드는 상황이니 그런 대답이 나오는 것도 무리는 아니겠다 싶었다.

그 후배는 개인적인 이익이나 금전적인 이익이 아니라 공공의 목적을 위해서 일하는 것이 좋다고도 했다. 나도 그랬지만 민간 기업의 이익을 위해서가 아니라 금전으로 환산할 수 없는 공적인 이익을 위해서 일한다는 매력에 끌려서 외교관의 길을 선택했다는 경우가 많다. 공익을 위해서 일하는 것이야 다른 부처도 마찬가지겠지만 국제무대에서 국익을 위해 일한다는 특성은 다른 부처와 비교할 수 없는 외교부만의 매력임에 틀림없다. 스포츠 선수 중에서도 태극기를 달고 뛰는 국가대표 선수와 같은 느낌이라고 할까.

외교관 생활에서 안 좋은 것은 무엇이냐고 다시 물었다. 이번에도 뜻밖의 대답이었다. '해외 근무를 해야 하는 부담' 때문에 힘들다고 했다. 여성 외교관으로 해외공관에 나가 남편과 떨어져 혼자서 어린아이들을 데리고 업무와 육아를 병행해야 했던 탓에 그런 대답이 나왔을 것이다. 매년 국립외교원의 외교관후보자과정을 통해 선발하는 외교관의 70퍼센트가량을 여성이 차지하다 보니 해외 근무가 기회라기보다 부담이 되어가는 모양이다. 예전에는 거꾸로 해외 근무가 외교관 생활의 장점으로 여겨지던 시절도 있었다. 1990년대까지만 해도 웬만한 해외공관에 나가면 모든 면에서 국내보다 훨씬 환경이 좋았다. 지금은 의료, 치안, 교육, 위생 등을 종합해서 볼 때 한국보다 더 쾌적하고 편안한 생활 환경을 가진 곳은 손으로 꼽을 정도가 되었으니 그만큼 해외 근무를 반기지 않게 된 것도 사실이다.

외교관이란 직업이 갖는 가장 큰 약점은 잦은 해외 근무 때문에 국내 사정에 어두워진다는 것이다. 반기문 전 UN 사무총장이 대통령선거에 나서려다 힘없이 주저앉아버린 과정에서 국민들로부터 집중적으로 지적받은 것 가운데 하나도 바로 국내 사정에 어둡다는 점이었다. 전세계 어디에서든 인터넷으로 24시간 국내 뉴스를 접할 수 있고, SNS를 통해서 마치 국내에 있는 것처럼 사람들과 실시간으로 소통할 수 있는 요즘 시대에 해외 근무를 한다고 해서 국내 사정에 어두워진다는 것은 말이 안 된다고 생각할지 모른다. 그러나 기술의 발전 속도만큼이나 국내 사회도 무서운 속도로 변화하고 있기 때문에 아무리 인터넷으로 연결되어 있다고 해도 해외에서 국내의 변화를 쫓아가기는 여전히 쉽지 않다.

나는 30년의 외교부 생활 가운데 18년을 해외에서 보냈다. 인터넷과 스마트폰이 없던 시절에 후진국에서 근무하면 국제 뉴스를 듣기 위한 단파라디오가 필수품이었다. 다이얼을 돌려 주파수를 맞춰가며 BBC 국제방송에 귀를 기울이지만 한국에 관한 뉴스는 그리 자주 나오지 않았다. 국내의 생생한 뉴스와 동영상은 일주일에 한 번 본부에서 항공화물로 보내주는 서너 개의 비디오 녹화 테이프에 의존할 수밖에 없었다. TV 뉴스와 함께 인기 있는 드라마나 예능 프로그램도 녹화한 비디오테이프가 새로 도착하면 제일 먼저 대사가 보고 나서 대사관 직원들이 집집마다 돌려서 보았다. 내가 중동 예멘에서 근무할 때는 한국에서 드라마 〈모래시계〉가 폭발적인 인기를 얻고 있었는데 새 테이프가 도착할 때마다 목을 빼고 차례가 돌아오기를 기다렸던 기억이 있다.

지금은 스마트폰만 가지고도 외국에서 간편하게 동영상을 볼 수 있으니 해외공관에서 비디오테이프를 돌려보는 일도 없어졌지만, 아무리 기술이 발달해도 세상의 변화를 직접 피부로 느끼는 것과는 비교할 수가 없다. 나는 더 이상 해외 근무를 하지 않게 된 덕분에 2016년 말부터 대통령 탄핵심판이 진행되는 중대한 시기에 촛불집회로 분출된 민심과 일련의 사태 전개를 국내에서 매일 직접 체감할 수 있었다. 2004년 노무현 대통령 탄핵 때는 해외에서 근무하고 있어서 그 당시 한국 사회가 어떤 진통을 겪었는지 직접 느껴보지 못했다. 언론 보도나 인터넷을 통해서 얻은 정보로서의 기억은 있지만, 현장에서 얻은 생생한 기억은 가지고 있지 않다. 국익을 생각하며 일하는 외교관으로서 우리 사회의 가장 간절하고 중요한 화두가 무엇인지를 말과 글로써가 아니라 실제로 현장에서 느끼고 공감하지 못한다는 것은 커다란 약점이 아닐 수 없다.

외교관들이 한때는 강점으로 인정받던 전문성에서조차 심각한 도전을 받고 있다. 외국여행이 국내여행만큼이나 일상화되었고 외국에 관한 정보도 얼마든지 쉽게 얻을 수 있는 시대에 외교관으로서 체득한 전문성이라는 것이 더는 특별하지 않다. 외국어 능력만 하더라도 대학교수나 민간 기업 직원 중에 직업외교관보다 실력이 훨씬 출중한 사람이 많아졌다. 외교부 직원이라 외국어를 엄청 잘할 줄 알았는데 실제로 보니 별로였다는 이야기도 심심치 않게 듣는다. 정부 내의 다른 부처 직원들 중에도 유창한 외국어 능력뿐만 아니라 해외 근무 경험까지 갖춘 사람이 많이 늘었다. 외국에 관한 정보나 인맥에서도 반드시 외교관들이 더 경쟁력이 있다고 하기 어려워졌다. 세계화를 다룬 명저로 국제적인 베스트셀러가 되었던 《렉서스와 올리브 나무》의 저자 토머스 프리드먼은 자신이 가장 중시하는 정보의 원천이 더 이상 국제관계 전공 교수도 외교관도 아니고, 지구적인 규모에서 정보를 조감하는 데 익숙한 헤지펀드 매니저들이라고 말하기도 했다.

UN 사무국에 나가서 오래 근무한 동료 외교관으로부터 유엔 직원 신규채용시험에 면접관으로 들어갔을 때 전세계에서 모인 다양한 경력의 지원자들을 면접해보니 그중에서 외교관이나 공무원 출신이 가장 경쟁력이 없더라는 이야기를 들었다. 어느 나라든 외교관 출신은 대학에서 무엇을 전공했고 외교부에 들어가서 어떤 부서에서 일했으며 해외 근무는 어디서 했다는 내용으로 천편일률적인 자기소개를 하는데, 그런 경력만 가지고는 다른 지원자들보다 좋은 점수를 받기 어렵더라는 것이다. 반면 가장 경쟁력이 있는 사람은 대개 NGO 출신이었다고 했다. 남들과는 다른 독특한 분야에서 일하면서 자기만의 뚜렷하고 구체적인 전문성을 가진데다 외국어 능력도 뛰어났다는 것이다. 이 이야기를 해준 내 동료는 외교부에서 매우 뛰어난 인재로 평가받는 사람이었는데도 만약 자기가 공채로 UN에 지원했다면 합격하기 어려웠을 것이라고 솔직한 심정을 털어놓았다.

전문성에서 외교관들의 경쟁력이 약해지는 이유는 뭘까? 여러 가지 이유가 있겠지만 현안 처리와 일상적인 잡무에 쫓기다보니 전문성을 키울 만한 시간 여유가 없다는 점을 들 수 있다. 그렇다면 평소에 무엇 때문에 그리 바쁜 걸까? 예전에 비해 일은 몇 배나 늘었는데 인원은 늘지 않았다든지, 국력이 비슷한 다른 나라에 비해 인원이 턱없이 부족하다든지 하는 이유도 있다. 하지만 내게 외교부 직원들이 바쁜 이유를 하나만 꼽으라면 '쓸데없는 자료 만들기'를 들겠다. 물론 기록이 핵심인 외교 업무에서 자료 만들기는 꼭 필요한 일이다. 문제는 꼭 필요하지도 않은데 관례에 따라 습관적으로 자료를 만들고 고치는 일이 많다는 점이다.

외교관 초년병 시절 처음으로 해외공관에 나가서 근무할 때의 일이다. 본부에서 외교부 장관이 주재국을 방문해 외교장관회담을 하게 되었다. 내게는 공항 도착 후에 장관에게 전달할 수 있도록 주재국의 국내 정세와 주요 현안에 대한 대응 방향 등을 정리해서 자료를 만들라는 지시가 떨어졌다. 나는 이미 본부에서 자료를 만들어 장관에게 보고까지 마쳤을 텐데 비슷한 자료를 또 만들 필요가 있겠느냐고 불만 섞인 문제 제기를 했다. 내 상사는 그 심정 다 안다는 표정으로 웃으면서 "그래도 장관이 오는데 자료도 없이 빈손으로 공항에 나갈 수는 없지 않냐"고 했다.

2000년 9월 5일자 〈뉴욕 타임스〉는 "외교가 광채를 잃어가면서 젊은 외교관들이 직장을 떠나고 있다"는 제목의 특집기사를 내보냈다. 미국 국무부의 젊은 인재들은 자료 작성과 보고를 중요한 일이라고 여기는 문화 속에서 지내지만, 그러한 일의 대부분이 사실은 윗사람의 편의를 위한 것이고 윗사람을 대외적으로 그럴듯하게 보이게 해주기 위한 것이었다는 대목에서는 눈을 뗄 수가 없었다. 실질적으로 중요한 일을 하면서 전문성과 실력을 키우기는커녕 형식적이고 의전적인 일에 시간과 능력을 소모해야 하는 현실 속에서 느끼는 고뇌와 불만은 미국의 외교관이라고 해서 다를 게 없나보다.

외교부를 그만두고 바깥세상에 나와보니 외교부나 외교관에 대해서는 아직도 칭찬보다는 불만과 비판의 목소리가 더 많은 듯하다. 그러나 민간 분야에서 외교부로 영입된 사람들 가운데는 실제로 외교부에 들어와서 경험해보니 외교관들이 남다른 사명감을 가지고 있더라는 이야기를 하는 사람이 여럿 있었다. 그중에 한국을 대표하는 어느 대기업의 사장이 된 사람은 민간 기업의 직원들도 외교관에 못지않게 능력 있는 인재들이지만 업무에 대한 헌신적인 자세만큼은 외교부 직원들이 훨씬 나았다고 평하기도 했다.

나는 외교부의 젊은 직원들이 한국은 물론 세계 무대에 내놓아도 뒤지지 않을 만한 잠재력을 가지고 있다고 생각한다. 선배 세대들보다 여러 면에서 더 뛰어나다. 아직 다듬어지지 않은 원석과도 같은 존재들이 외교부에서 경력을 쌓으면서 제대로 다듬어져 몇 배 더 빛을 발하는 다이아몬드가 되어야 하는데 현실은 이런 잠재력을 오히려 녹슬게 하는 것 같아 안타깝다. 일하는 문화부터 과감하게 바꾸어서 쓸데없는 일이나 하지 않아도 되는 일부터 줄여주자. 대신 강대국들의 틈바구니 속에서 한반도의 평화와 통일을 이루도록 진취적 기상과 소명의식을 길러주자.